陳毓賢 ㊔

【增訂新版】

洪業傳

二〇二一新版序

洪業本來是我丈夫艾朗諾的博士論文非正式導師。朗諾在哈佛讀博士時，發現學校鄰近有一位學問淵博廣受尊崇的老人，中外學者登門求教他來者不拒，像一個任人挖掘的寶藏。而這老人恰是教他二年級文言文老師蒙古學家柯立夫（Francis Cleaves）的摯友。

我第一次見洪業，大概是一九七三年。柯立夫平日在劍橋下午三點鐘必到洪宅和洪業茶敘，同讀一篇古文或商討一個問題，數十年如一日。他週末回農場有一群金黃毛獵狗和數十頭牲口陪伴，但在劍橋孑然一身；而約八十歲的洪業妻子已逝，朗諾請兩位單身漢來吃晚飯。洪業雖一頭白髮，高瘦的身幹卻是直挺的，如玉樹臨風；柯立夫還不到六十，個子魁梧，體重有兩百多磅，勢如泰山。酒酣飯飽後，兩人引經據典地談古說今，不時用拉丁文抬槓，到深夜方散。此後我們常請他們來吃晚飯，柯立夫總向我要了熬湯的豬骨頭帶回去餵狗。朗諾知道洪先生是《春秋左傳》的權威，準備寫博士論文時便選擇寫《左傳》的敘述方式，以把握機會就教於洪先生。他的正式導師海陶瑋（James Robert Hightower）贊同他這選擇。

算起來洪先生和我爺爺年齡相若，我一見他就感到格外親切，總找機會和他親近。我祖籍廣東中山，家族在菲律賓到我已第三代，母親那頭第五代了。當時菲律賓華人的學童教育是「雙重學制」，上午課本全用中文，下午全用英文。我上的小學是逃難到馬尼拉的福州人辦的，中學是廈門鼓浪嶼的基督徒和美國傳教士合辦的，高中快畢業時華人掀起一陣臺灣熱，表姊梁淑賢和我聽說師範大學不但不收學費，住宿費全免，還可領零用錢，同以僑生身分報考師大，可是我只念了兩年便退學了。我在師大時，替張起鈞教授英譯了一些關於道家的文章，他認了我做乾女兒，聽我說打算去美國，介紹我認識他一位北大同學，在華盛頓大學主持漢語教學嚴復的孫女嚴倚雲；嚴教授和她的夫婿高叔哿後來促成朗諾和我的婚事。我得知洪先生是福州人，便向他提起我的小學老師，以及西雅圖的高嚴夫婦，洪先生告訴我他中學畢業舉棋不定時，父親令他去拜訪一位老同鄉，這同鄉便是高叔哿的父親上海商務印書館編譯所長高夢旦，高夢旦勸他到福州鶴齡英華書院念書，影響了他一生。洪先生大概也覺得我有趣，不管什麼話題懂不懂，都大言不慚地插幾句。他談胡適、顧頡剛、傅斯年這些人，我耳熟能詳。他談西方歷史，基督教派系之爭，引述聖經，我也不感隔閡。他講大家庭的辛酸，學術界的糾纏，國共的恩怨，都能引起我共鳴。

一九七八年春節趙如蘭教授在家辦迎春會，照例有一堆人簇擁著洪先生聽他講故事，如蘭就說：「應該趕快把他的故事錄下來，就是口述歷史。」我聽了一震，在下不是最佳人選嗎？回想晨光小學入門處掛了個黑漆大木匾，刻了四個蔣中正題的燙金大字「禮義廉恥」，宣揚的是中國舊道德；而靈惠中學老師們灌輸我們的是基督教信仰；中文課本提倡的則是經「五四」運動過濾的理性思想和民族意識；而英文課本則標榜西方個人主義。我成長中受到各種文化潮流的衝擊和滋潤，這些潮流差不多也都衝擊和滋潤過洪先生，不同的是對他而言這些潮流是一波逐一波來的，而對我是同時洶湧而來的，讓我往往感到招架不住，長期懷著不小心就會被暗流捲走而淹沒的疑慮。我很想知道洪先生是怎樣整合各種不同概念的，儒家信念和基督教教義在他的心目中比重如何？像他這樣有學問德高望重，並對創立哈佛燕京學社有功的人，哈佛沒有給他任何正式的職位，讓他靠單薄的社會福利金和收房客過活，他卻一點都沒有怨懟——他怎能如此泰然？替他寫傳讓我更有機會親近他。何況我讀了那麼多年文學，一點成績都沒有，正好彌補這遺憾。

幾經考慮後，我鼓起勇氣打電話給洪先生，說有事跟他談，他就約我吃晚飯。到了洪宅，見潔白的桌布上擺了精緻的盤碗，並設了兩只高足玻璃酒杯，洪先生捧出來的第一道菜是鮮甜的江魚刺蘿蔔湯，我開門見山地說：「洪先生，您不打算寫自傳，別人寫行不行呢？我想帶個錄音機來，錄下您的回憶。」他先是愣了一下，接著說：「可以，可以。」

「我提議每星期來一趟怎麼樣？」

「希望你常常來。」說著他激動地舉起修長的手，又慢慢放回到餐桌上，「我現在寂寞得很。三個女兒中兩個已經過去了，還有一個在西部，也五十多歲了，你就像我自己的女兒一樣。」

洪先生只給我開一個條件，就是要等他去世後才能寫，因他最討厭歌功頌德的文章。於是每星期天下午我便帶了錄音機在洪宅的廚房裡和他一邊喝茶吃叉燒包，一邊聽他談往事。最後一次錄音是一九八〇年八月，兩年半內積累了三百多小時的錄音。他該年十二月便逝世。我整理成的傳記，約百分之八十根據洪先生的口述，他有時用英語講，有時用普通話，我有時必須翻譯，有時得加以濃縮、注解，不過基本上是洪先生以自己的觀點敘述往事；另一成是根據我對他本人、親友以及環境的印象寫的；其餘一成，則根據我與洪先生的學生舊友書信往來等各種探討。

擬稿過程中，尚在哈佛讀博士的江勇振告訴我耶魯大學神學院圖書館有關於洪業的檔案，增進我對他生活條件的理解。洪業的五弟洪紱，友人如楊聯陞、劉子健、周杉、陸惠風、魏世德（Timothy Wixted），學生王伊同、鄧嗣禹、王鍾翰等都踴躍替我看稿。洪業的「美國姊姊」把他早自一九一二年與她家人來往的書信供我參考。柯立夫以遺囑執行人的身分也提供書信給我。

書稿雖然有些地方對哈佛大學不甚恭維，但經張光直、杜維明，和韓南（Patrick Hanan）教授的推薦，哈佛大學還是決定把它出版，一九八七年初版。[1]

朗諾最初學中文，是六〇年代在加州大學聖塔芭芭拉分校讀本科時，中文老師是剛開始教書的白先勇，白先勇暑假還把他帶到臺灣，找臺大的助教——如柯慶明等——替他補習，讓他迷上中國文學。哈佛當時很少讓年輕副教授提升為正教授的，正教授有缺到校外聘已有名氣的學者，他七年副教授任期滿後，被調擔任《哈佛亞洲學報》的編輯。白先勇得知朗諾在哈佛沒有得獲終身教職，推薦他回加大。我們一九八七年到達聖塔芭芭拉不久，哈佛大學出版社的《洪業傳》恰好面世，頗得好評，劉紹銘亦在臺灣《聯合報》發表數篇專文介紹，令我非常鼓舞。白先勇慫恿我出中文版，並介紹我認識瘂弦，經瘂弦牽線一九九二年由聯經出中文版。我那時已轉行從事金融業，雖讀過那麼多中文書，對自己的中文卻完全沒把握，請了朗諾的同事江欲仙以及他的學生康笑菲的丈夫王威幫我改稿。王威和康笑菲深感此書在大陸也應有，介紹他們的母校北京大學的出版社出簡體版。我和聯經聯絡，吳興文回信非常慷慨地說：「我們願意讓妳自行處理簡體字版，以便使北京大學師生及校友也能感受到洪業先生的風範。」

聯經一九九二年的中文版的內容比英文原書要豐富，因為有些事用英文寫若不加冗長的注解很難說清楚，不緊要便略過了。可是大陸的言論管制時緊時鬆，簡體版一九九五年推出時，說美國好要刪，說臺灣好也要刪，說中國大陸不好更要刪，書刪得剩薄薄一本。然而《洪業傳》能在大陸出版，我感覺上像舊時把故人的靈柩護送了回鄉一樣，已大功告成。

怎知事隔十多年，因朗諾用英文選譯了錢鍾書的《管錐篇》，《上海書評》對他進行訪談，得知他有一封錢鍾書寫給他的英文信，也感興趣，朗諾便叫我譯成中文，《上海書評》的編輯盛韻看了很喜歡，向我索稿。我恰和周質平教授用英文合撰了一本關於胡適和他的美國女友的書，便寫一篇〈趙元任、胡適與韋蓮司〉給她[2]。文章發表後，饒佳榮以讀者身分在報上回應說該作者寫過薄薄一本的《洪業傳》，可惜很難買得到了；他是個熱心腸的人，又設法和我聯絡，自告奮勇找出版商再版，於是又有二〇一三年的北京商務印書館版。記得北大出版社的負責編輯張弘泓曾為刪節事安慰我說：沒關係的，將來可加回去的。商務印書館進行再版時果然正值大陸言論鬆綁，書基本上完全還原了，負責編輯孫禕萌還修正了些不妥的地方，並替書編了人名索引以及外國人名中英文對譯表；讀者反應熱烈；《洪業傳》居然登上各種好書榜，包括入選中央電視臺的「二〇一三年中國好書」。

《洪業傳》為什麼在大陸那麼受歡迎？我想除了讀者對中國閉塞時期海外學者的生活與觀點感興趣外，也因此書有別於一般程式化的表態傳記。《洪業傳》試圖理解洪業所處的時代，環境如何塑造了他又如何制約他？他怎樣應對？發生什麼影響？一個人的生命絕不是自己能主宰的，不但被外來種種因素牽扯，有時自己也不明白自己的舉動與抉擇，就如洪先生對我說：「一個人的長處往往也就是他的短處。」人的深層心態常在不起眼的細節或不經意說出的話流露出來，作傳人須盡可能捕捉這種細節，才能向讀者介紹一個栩栩如生的人物，而不只是個平扁的樣板。

此外，《洪業傳》此次出版趕上大陸的海外漢學熱。這是個好現象。各種文化都是獨特環境的產物，有其內在邏輯，如五花八門的語言看似雜亂卻各有文法。而每個族群，每個家庭，都有其對自身的大敘述，大敘述既定，就有意無意地把不利己的情節刪略，或把別的觀點過濾或曲扭以自圓其說。正如蘇東坡曾寫說：「不識廬山真面目，只緣身在此山中」，借鏡其他文化有利於摸索到自身的盲點。何況，人有嚴重的惰性，往往仍受已經沒意義的思想左右，多反省有助於認知的新陳代謝。

有讀者宣稱他們特別喜歡我的語言風格，令我很驚訝，因我求達意而已。大概因我數十年在美國很少用中文，語言凍結了，對現行慣用的詞語不熟悉，驅使我用另一些方式表達，反而令讀者感到新穎。我母語是廣東話，在菲律賓生長，長居美國，書法像塗鴉，四個字的成語老只記得三個字，中國朝代前後常分不清。幸而有了電腦文字處理軟件，編輯看不到我寫的字歪歪斜斜，成語及歷史資料隨時可在網上查詢，便宜了我！

《洪業傳》中文初版距今已將近三十年，聯經現在再版，有幾件事應向讀者交代和報告：

（一）我替洪業錄他的回憶時，有點質疑一個八十多歲老人憶往事，大半生的檔案信件又不在身邊，講的事有時聽起來比小說還離奇，是否有些誇大。可是許多事後來都被印證了。譬如洪業說一九二四年有位燕大學生替哈佛福格博物館的朗頓．華納當翻譯，跟華納到敦煌去，見他用甘油滲透棉布把數幅壁畫取下運回美國；次年華納帶了大隊人馬來，準備把更多的壁畫運走，這學生向洪業密告，洪業馬上通知教育副次長秦汾，教育部即發電到敦煌沿途各縣市，吩咐地方官員招待這些外國人，加以武裝保護，但防備他們破壞文物，結果華納空手而還。哈佛燕京學社成立後，洪業到哈佛作交換教授，聽說最初發現敦煌文物的斯坦因說服了哈佛燕京在美國的托事，出錢讓他到中國搜寶，洪業知道他是準備又去敦煌的，力勸他不要去，斯坦因還是去了，結果也空手而返。洪業對他這保護敦煌壁畫的壯舉頗得意，他怎麼說我便怎麼寫。

書出版十年後我突然接到一通電話，對方說美國《考古》雙月刊將有一篇她的文章談及洪業，向我要一張洪業的照片作插圖。該文年尾發表寄了一本給我，文中說《洪業傳》出版之前，西方學者不明白華納第二次中國之行為何落空，華納自己也不明白，給太太的信裡很惱恨地抱怨大概是中國官員嫌賄金不足，回美國後很不甘心，說服他的同事薩克出面籌到十萬美元（包括來自哈佛燕京學社的五萬），足夠一個探險隊兩年的費用外，有六千五百元預備作為給中國官員的「禮金」，終於把年近七十歲的斯坦因引出來。哈佛大學文檔中有一份提到一九三〇年三月十八日斯坦因、司徒雷登和洪業在薩克家開會，洪業說他可去函請剛成立的文物保管委員會替斯坦因鋪路，斯坦因謝絕了，推說探寶細節須保密。他離開劍橋前，再次請哈佛福格博物館示範怎樣使用甘油和紗棉，到了南京拜見中國外交部長王正廷，則說此行目的是要跟蹤玄奘的腳印。不料中國報章突然出現他打算搬運文物出境的報導；同一個月內，立法院通過法律限制文物出國；他到了新疆又有姓張的學者亦步亦趨地跟著他，讓他動彈不得；最尷尬的是，預算中賄金一項被傳了出來，燕京大學在美國的托事向福格博物館詰問，斯坦因只好作罷。《考古》此文的作者說她相信賄賂官員的預算是洪業傳出來的，因他看過該團的預算。[3]我們知道王正廷是洪業「成志社」的兄弟，他暗中把此事告訴王正廷，並不稀奇。[4]

（二）據我知《洪業傳》初版主要有兩個錯誤。一個是中文版的錯誤，南京大學莫礪鋒教授指出敦煌古物中最早的印刷書是《金剛經》，不是景教的禮拜手本，這是我譯錯了，英文版提到兩種文獻間有個逗點，我沒注意到，以為是同一文獻。另一個錯誤是普林斯頓大學周質平教授指出的，書中說洪業去看駐美大使胡適，電話響胡太太聽了說是宋子文，周質平說那時候胡太太不在美國，應是使館別的女士聽電話。

（三）原書有個地方不是錯誤，是稱謂的問題，洪業談起宋史學家劉子健稱他為「我的學生」，我成書後把談話錄音帶捐了給哈佛圖書館，十多年前清理檔案時要把其他有關文件也送去，發現有封劉子健寫給我的信，說他沒有上過洪業的課。劉子健抗戰從清華轉到燕大，和洪業一起被日本憲兵押入獄時還主動替洪業洗衣，一向對洪業執弟子禮；他的父親劉石蓀是洪業最要好的朋友之一，洪業晚年在劍橋寫的詩內有一句「燕市當年老侶儔，最思趙鄧陸孫劉」，劉便指劉子健的父親。[5]抗戰勝利後洪業「成志社」的弟兄向哲濬率領中國代表團到東京去審判日本戰犯，要洪業替他找位會講英語和日語的有力助手，洪業便推薦劉子健，因他除了講流利的英、日語外，還懂法語俄語，難得的是他雖被關到日軍牢裡受過苦，但並不仇恨日本人。他是洪業在美國最親近的人之一，洪業稱他為學生不足奇。

（四）我清理舊檔案時，另發現一篇一九九八年寫的文章。事緣洪業的傳經哈佛出版後，我收到洪業長女靄蓮的信，還有靄蓮童年朋友轉寄來的信，看了令我相當震撼，我認識洪業的時候洪太太已去世，關於她的事他沒多說我也沒多問，原來她的身世那麼複雜，洪家有那麼多可悲的事情。不料還有更大的悲劇正醞釀著，洪業去世十五年後，他四十六歲的外孫女，一個秋日清晨很冷靜地走到賓夕法尼亞大學校園中心，朝自己的身上倒汽油點火自焚，在約五十人圍觀下死亡。《紐約時報》走訪了些認識她的人，分析這令人驚駭的事件，結論是她來自一個顯赫的華裔家庭，這環境只許成功不許失敗，母親也是自殺的。[6]我想悲劇可追溯到她外祖母的那一代，她們一代又一代所經歷的時局動盪，文化碰撞，與社會壓力，都是超乎常人所能承載的，為她們哀慟寫下〈洪家三代女人的悲劇〉一文，當時因種種原因沒有發表，現在事過境遷，可以向讀者交代了，二〇一三年北京商務印書館再版時便把它附錄在後，因這畢竟反映洪業生活的另一面，這次也請聯經附錄。可貴的是洪業有這許多隱痛，卻令人感覺他心靈深處有一片寧靜，是種盡了責任後對人對事皆不苟求的寧靜。

（五）杜甫在洪業生命中占很重的分量，他非常喜歡杜詩，激動時杜詩便脫口而出，唯一的專著是一九五二年由哈佛大學出版的《杜甫：中國最偉大的詩人》。但我寫《洪業傳》時，把他的學術論文都囫圇吞棗地翻了一遍，惟獨這本書沒讀，只取巧地看了他送我的薄薄一本《我怎樣寫杜甫》（香港南天書局，一九六八）以及收在《洪業論學集》（中華書局，一九八一）的〈杜詩引得序〉與〈再說杜甫〉。原因是美國的學術書一直到上世紀七〇年代才排漢字，洪業考證杜甫三百多首詩是在什麼時候什麼情境下寫的，引用大量的中文資料，提及無數的人名地名書名都只用英文字母音譯，讀者很難推測中文原來是什麼，為彌補這缺陷，他想了個辦法，把一千多個中文名詞排列成個漢字對照表，縮印成兩頁附錄在第二冊書後；這些蠅頭小字非但難看得清，而且用起來非常不方便。我翻了數頁便頭暈目眩。為免鬧笑話，談《杜甫》的段落特地請曾替此書寫書評的楊聯陞先生過目。

書這麼難看得懂，究竟寫給誰看的呢？洪業在短序中說他一九四七至一九四八年在哈佛和耶魯講杜甫後，聽眾鼓勵他作書介紹這位中國詩人。他是個善於用英語表達的人，絕對有能力寫一部通俗的杜甫讀本，我猜他乃開了頭便不能自己，一生研究杜甫的心得傾盤而出。他對我說他「火候」夠了，因他：第一，得利於錢謙益等前人的努力；第二，掌握了引得圖表等工具；第三，西方學者的翻譯討論，雖因語言隔閡常犯可笑的錯誤，但因不受中國傳統思想的束縛，常有創見，對他理解杜甫有相當的啟迪。洪業在短序中透露此書完稿兩年後才遲遲獲得刊印，哈佛出版社怕普通學者看不懂，不太願出此書，最終主持東亞教學的俄人葉理綏建議他把書分成兩卷，第一冊專講杜甫的生平和著作，冗長的注釋及其他枝枝葉葉全放在第二冊，另行銷售。書本的注釋分開銷售可真罕見。

劉子健一九八九年在《歷史月刊》寫了一篇文章，談論洪業的史學功力時，也惋惜這部專著沒用中文寫。[7]白先勇曾對我說：「書也有書運！」果真如此，《杜甫》成書將近一甲子後，隔代遇知音，大陸學者曾祥波訪問威斯康辛大學觀覽漢學著作時發現它，已譯成中文，把旁徵博引的浩瀚材料全追根溯源，恢復原貌，有些洪業一筆帶過的詩句也直接引述原文以便利讀者，並把第二冊的解釋當為腳注，又以「譯者按」的方式替讀者解釋一些西方資料，還在「後記」中指出一些現在看來洪業不妥之處，真功德無量。現在聯經亦要出正體字版，以嘉惠士林，實在值得慶幸！

（六）洪業在燕京大學的房子，是他替燕大籌款建校舍時，一位底特律的美國商人因佩服洪業這樣的人願意回中國投身教育，特地捐款讓他自己設計住得舒適的。這樓房是燕南園中較大的建築物，一度住過北大校長兼黨委書記陸平，他在反右時極左，但文革還是被整了。朗諾和我一九八〇年第一次到中國前，洪業聽人說他後院裡的藤蘿已沒有，叮囑我們去看看是否確實，鄰居告訴我們藤蘿早就被砍了，裡面住了數戶人家；我們九〇年代再次到北京，曾和侯仁之、張瑋瑛夫婦在門口留影。北大當局大概對這充滿歷史反諷的房子舉棋不定，那些人家逐漸遷出後，任它數十年荒廢著，最近才進行整修，聽說將改作學術交流用途，頗令人振奮。

此書乃許多人努力的結晶品。先是洪先生坦直地對我敘述他一生的經歷，吐露他對人對事獨特的看法，又得到許多人協助，才得以順利面世。這次再版並出電子書，為令讀者對洪業的學術成就有更全面的了解，更全面的瞭解，得獲余英時先生授權附錄了他於四十多年前洪業剛去世就在《聯合報》發表的〈顧頡剛、洪業與中國現代史學〉一文，上個月驚聞余先生竟突然辭世了，哀痛中遙祝素來開朗的余夫人陳淑平多多保重。聯經總編輯涂豐恩也是哈佛大學東亞系博士，對此書特別照應。黃榮慶是位特好的編輯，除糾正些錯誤外，還耐心敦促我振作起精神來把這附有中英人名索引的新版《洪業傳》做得更好，以饗讀者。希望讀者們看此書時，如置身在麻州劍橋灰街三十一號洪宅的廚房裡，和洪先生及一桌愛慕他的人同喝茶吃叉燒包，聽他講古說今，吸收他累積的智慧。

陳毓賢 二〇二一年九月於美國加州灣區

---

1 Susan Chan Egan, *A Latterday Confucian: Reminiscences of William Hung (1893–1980)*, Cambridge: Harvard University Press, 1987.

2 Susan Chan Egan and Chih-p'ing Chou, *A Pragmatist and His Free Spirit: The Half-Century Romance of Hu Shi and Edith Clifford Williams*, Hong Kong: Chinese University Press, 2009.

3 Shareen Blair Brysac, "Last of the 'Foreign Devils'", *Archeology* (November/December 1997):53-59.

4 參看吳相湘，〈成志學會促進中國現代化〉，《民國史縱橫談》（臺北：時報文化，一九八一），頁一四七—一五六。

5《我怎樣寫杜甫》（香港：南天書業公司，一九六八）附錄〈劍橋歲暮八首〉；其他四人為趙紫宸、鄧之誠、陸志韋、孫冰如。劉石蓀事跡可參看劉子健，〈贖商涉外遺錄〉《傳記文學》第五十四卷第六期(一九八九年六月)。

6 "A Dance to the Death: The Manic and Messianic Life of a Troubled Idealist", *The New York Times* (November 27, 1996): B1.

7 劉子健：〈洪業先生：少為人知的史家和教育家〉，《歷史月刊》第七十八期（一九八九年六月）。

目次

第一章　幼年在福州

洪先生譜名正繼，學名業，號煨蓮，煨蓮諧音於他英文學名，是他二十三歲到美國留學時自己取的。

洪業生於一八九三年十月二十七日。當時光緒皇帝治下的福州雖是福建的省城，而且是世界有名的海港，但因它地勢崎嶇，卻是個車輪罕至的地方。石子鋪的街道狹隘，到處是高高低低的臺階。高牆環抱的城裡，盛長著榕樹、荔枝、龍眼、枇杷、芭蕉、竹子，及顏色耀眼的亞熱帶花卉；但也有成千成萬的墳墓，棋布在山坡上，令人觸目驚心。年幼的洪業，已常為那麼多的土地被死人占有，不能讓活人利用感到惋惜。因為洪家經濟拮据，住無定所。他與他父母親、祖母、伯父、姑姑，及幾個堂兄弟從一間租賃的房子搬到另一間，表面的和諧難以掩蓋擁擠下造成的緊張氣氛。

洪業幼年的歲月大半在福州城外南郊，閩江三角洲一個稱為南臺的島上度過。在城裡，洪業是洪家第三個孫兒；在城外，他卻是林家頭一個孫兒。林家則有寬敞的住宅。

洪業外祖林鍾皋的「永吉茶行」面對著閩江一條支流，土牆上開了個桐油漆的大門。一進去，屋子裡有二、三十個女工揀茶葉，仰頭可見粗大的木梁及屋頂上的天窗。她們揀完茶葉後，便有另一批工人把茶葉裝入墊了錫片的大木箱裡。大屋子的右邊有窗戶，左邊有幾間屋子，有夥計的臥室、賬房，還有一間上房，是用來招待遠方來談買賣的客商的。長外孫洪業也偶爾用這間屋子。其窗外有兩、三棵荔枝樹，他最喜歡從窗戶伸出手摘成熟的荔枝。林家住宅設在茶行後方，隔了一堵牆，有個大門，裡面又另有一堵牆，叫「影壁」，擋魔鬼用的。住宅的房子方方正正圍著兩個天井而築。天井水缸裡養著荷花、金魚。房子多是兩層的，上層繞著走廊。屋蓋是灰瓦，屋脊上有些陶製的小人、動物。朝南的大廳由臺階上去，中間擺了一張很大的八仙桌，兩邊有太師椅，兩牆上掛了對聯，一邊是舅舅的臥房，另一邊是外祖母的屋子。外祖母晚上常帶孫兒跟她睡覺。外祖住在朝東的樓房裡，與茶行的賬房是相通的，上層有幾間常鎖著的貨棧。朝西的樓房則有個時期賃出去。洪業的母親、阿姨、孩子們都有屋子，另外有飯廳、廚房和傭人的住所。最後面是個木板釘的牆，洪業小時候從木牆的夾縫可看到後面人家的廚房，那一家也是開茶行的，住宅與林家相背。

對幼小的洪業來說，生活充滿著色彩。一天到晚有兜售各種東西的販子經過，他們各有各獨特的叫賣聲。一早有來挑糞的卒子，糞還要給錢買，這點錢歸傭人收入。再一會兒，有叮噹噹送水的車，水缸弄滿了就給多少錢。另有磨刀的，拍棉被的，肩挑著火爐賣熟食的，頭頂著竹籃子賣糕餅的。還有那搖著鈴把麥芽糖吹成小人、小馬、小狗的，只可惜洪業家裡從不讓他嘗那逗人可愛的麥芽糖，說它不衛生。

洪業要掉乳牙的時候，光顧過一位沿街叫賣的牙醫。這牙醫胸前掛了一串牙齒，後面背了一個藥箱。從街上請了他進來，他便把止痛藥塗在病人牙上，用一條絲線把牙齒拴上，把線的另一端繫在門上；他一邊用手在病人肩上一拍，一邊把門一踢關上，牙齒便被拉下來了。

洪業小時候常在永吉茶行前面的河裡捉螃蟹，看人家下石階在河邊打水洗衣服，看河裡的船夫用竹竿撐船。沿河走下去，可看見兩個「三條簪」婦女踏著水車，唱著山歌。車上掛著水桶，輪子往上轉，水桶便向下傾，把從河裡盛上來的水倒進渠裡，以灌溉蔬果園。「三條簪」的婦女是不纏腳的，個子很大，不穿鞋襪，跟男人一樣自由行動，而且做粗工，頭髮上插了三枝鑾可怕的長簪。

有一天洪業自己漫步走到一條寂靜的長巷，兩邊都是白牆，完全迷了路，他看到有道朱門，但害怕不敢敲人家的門，便坐在朱門的一個石基上哭起來。突然朱門開了，有個比洪業年長的男孩走出來，問他為什麼哭，而且肯帶他回永吉茶行。這男孩牽著洪業的手，走過一個庭院又一個庭院，經過一個月門又一個月門，似乎過了幾十個院子，終於回到大街上。永吉茶行桐油漆的大門果然就在附近，洪業才知道那一定是人家好幾代同堂的大宅深院。

洪業的外祖父和外祖母都是熱心腸而信仰不分宗派的人。洪業小時候外祖雇了個奶媽看他。有一次洪業病了發高燒，外祖便到附近所有的佛寺、道觀、孔廟、天主教堂、基督教堂去祈求神佑。外祖母說她有第六感，她說她每個孫兒出生時，她雖不在場但都知道。洪業終身對這些超感覺的現象都持存疑的態度，但對人類的潛意識一直很感興趣。

洪業的母親林飛是外祖的長女，而且是他鍾愛的女兒，他對他的大女婿洪曦的學問人品都極為欣賞；但他發覺把女兒嫁給做官的讀書人，一生顛沛流離，委屈了她。於是到次女談婚論嫁時，便把她配給一位開當鋪的商人。外祖沒有兒子，領養了一個，可惜這孩子腦筋遲鈍不靈，後來把家產都蕩光了。

洪業幼年很少見到他父親，洪曦一八九一年中舉後，屢次踏上漫長的路途，往北京應三年一次的京試。洪業五歲時，他父親便到山東做官去了。他父親每次回福州時，洪業則與他母親及弟妹乘轎子回城裡洪家。他母親每次分娩也得回婆家，因為按那時中國社會的規矩，孩子是不能生在外家的。

洪曦的家眷在一九〇四年隨他搬到山東之前，他的夫人已給他生了四男一女：業、端、沚、蘋、紳、綬。後來再生一男，名紱；還有一個最么的名純，未週歲就出天花死了。孩子們的年紀都差兩歲，大概與洪曦回福州的日期有關。可是第五個和第六個孩子隔了五年，是因洪曦替母親守三年孝期的緣故。

最早的回憶中，洪業模糊地記得曾參觀父親在孔廟跳舞，三、四十個穿著顏色鮮豔禮服的男人，拿著竿子、羽毛、旗幟、隨著音樂起舞。當天孔廟裡依漢朝傳下來的規矩宰牲口。父親分了塊豬肉回家是很寶貝的，因為在洪家平常只有蔬菜送飯，有時加點鹹魚，再熱鬧點就有雞鴨之類，難得吃豬肉。

有一次洪業看到母親鏡臺上有些小白棒，便拿下來看。那棒子薄薄的，折斷時發出清脆的聲音，他覺得好玩便又折斷幾枝。原來那些小白棒是扇骨，洪業父親的朋友請他在扇面題字，把扇骨拆下來好把扇面平放在桌上寫字。他父親看到那被折斷的扇骨，馬上知道是誰幹的好事，拿著棍子在屋子裡追打洪業，但洪業躲到祖母後面了。祖母疼孫兒，喝說：「你要打他，先打我！」

可是除了這次外，洪業記憶中的父親是脾氣很平和的人。孩子一般來說是母親管教。孩子真皮的時候，她就在小屁股上使勁打幾下。洪業最早的回憶，是他母親管教他的事：

外祖雇了個奶媽，叫陳媽，我吃她的奶，她一直看到我六、七歲，非常愛我。小時我跟她一起睡覺，而且我記得她有一次對我大哭。兩歲的時候，是在城裡祖母家，門口總賣吃的，糖葫蘆呀、菱呀、螺呀。有一次出去，撿到一個銅錢，有個小洞的。這陳媽就抓住我，我說：「幹嘛？我撿到的。」

「沒關係，」她就說，「你這東西髒。」

於是她把銅錢拿去洗了，擦得光光亮亮的才給我。那時候小孩穿的衣服很像美國的連衣褲，褲襠後面開的，前面有個小口袋。晚上睡覺的時候差不多是這樣：有小澡盆，母親就來照顧了，把衣服脫開，她要看看裡面有什麼蟲子沒有，然後奶媽才抱去澡盆洗澡，擦乾淨再抱回來穿衣服，抱去睡覺。我大概是兩歲左右，已經能說話了，很厲害。那時母親在衣服裡看見有個銅板，便把銅板擱在她自己肚兜去了。我看到了說：「母親，不要拿走，那是我的。」

她說：「那為什麼是你的？哪兒來的？」

我說：「街上撿的。」

她說：「那還得了？街上那麼髒！」

那陳媽就說：「我已洗過。」

母親說：「這怎麼能給他呀？」

我就說：「這是我的呀！我自己撿的。」

母親就說：「好，你要分哪個是你的，哪個是母親的話——好！」

她把銅錢給我，然後把我的衣服收起來，說：「好，拜拜，你走吧！」就要我光著屁股走，因為我衣服都是母親做的。

哎喲，我就難過大哭了。

母親說：「這給你吧，我不要了。」

最小就記得這件事。

洪業四、五歲時入學，寄讀在他外祖父隔壁的家塾裡。那時候他父親還沒做官，也來外祖家了。那位三、四十歲的先生過來跟洪業的父親相見：

父親端了一張椅子給他坐，地下擱了個墊子，讓我給他跪下磕三個頭，然後他就抱起我，坐在他肩膀上，走到那邊去。我記得，有張桌子，上面寫了「至聖先師孔子之位」，我跪下對孔子磕了三個頭。

洪業與其他學生站成一個圓圈，又互相再鞠一個躬，然後才開始上課。

從那天起，洪業便每天上課，從早上七點上到晚間七點鐘。中午有三個小時可吃午飯和睡午覺，不分週日週末的，只有過年時放十五天假，清明節掃墓放一天，中秋節一天、九月九重陽放一天、皇帝生日一天、太后生日一天，還有學生自己父母做壽也各放一天。另外學生病了自然不用上課，要跟父母親去探親戚也可請假。可是學生最高興的是老師自己因事告假，因為老師不來，就可以跟同學們一起玩。

照洪業回憶，其他七位學生中三位是本家的，其他是附讀的。一開始上課便學用毛筆描字，學寫孔、乙、己、上、大、人。這些字雖簡單，而且傳說是孔子寫的，但對小孩來說是沒有意思的。

當時教學方法差不多完全用強記。每一個學生每天要背一段書。老師先把書斷了句，朗誦給學生聽，還解釋書中大義，學生跟著老師背誦、解釋；然後學生便回到自己位子上大聲念完一遍又一遍，一直念到會背出來。洪業記性非常好，所以從來沒問題，別的小孩背錯了，老師的旱煙棍便「剁」一聲敲到頭顱上。其他的處罰方式包括跪在孔子位前自省、面牆、打手心。

書先選用《三字經》，據說是十三世紀一位儒者寫的書。起頭一句：「人之初、性本善。」在洪業幼小的心靈中倒是留了很深的印象，與他後來上基督教會學校所教的「原罪」大相逕庭，第二本用《百家姓》，是一百個中國的家姓，似乎不照任何邏輯排下來。開頭是「趙錢孫李」，這四個姓代表宋朝最顯赫的家族，對十九世紀末年的小孩來說根本毫無意義，不過認字而已。第三本書是《千字文》，是一千個字，都不重複的，排成四字一句，或形容一種自然現象，或教導一個作文原則，或引據歷史典故，或提示人生道理，就比較有趣了。

學描字學得差不多後，洪業便開始臨帖；學完加減乘除後，學怎樣用算盤開方，後者也是靠背誦一本有韻的方法書。

洪業二姨結婚後，她住的房子租給了一戶人家。那家人有個女孩，她有個玩具小屋子，裡面放了小床、小桌、小衣櫃、小人。那些小人還都有衣服。那女孩子小心翼翼地替小人洗衣服，折好了放進小抽屜裡，洪業看了羨慕得不得了，告訴他外祖母說他長大了要娶這女孩。外祖母就告訴他說他已經有了未婚妻，在他未出生以前，父親在連江的一個姓連的朋友的妻子也有孕了，於是指腹為婚。

此後家裡的傭人便打趣他說：「你這孩子嘴那麼會說，娶這太太一定很會管的。」洪業也不願示弱，回嘴說：「連家的姑娘其實你哪知道，我將來很可以管她。」後來他年紀大些，問他父親這件事，他父親說：「這是我以前年輕幹的事，現在給我再辦我也不那樣做了。」不料洪業十四歲的時候，在山東接到連家的電報說這女孩得時疫死了。洪家匯去了一點錢，表示哀悼之意。這樣也好，不然洪業後來就會跟他同時代很多青年人一樣，徘徊困惱於自由戀愛與父母所安排的婚事之間。

洪業一九七七年在美國麻州劍橋談起這些事時，常為自己幼孩的憨態而放聲大笑，卻又為人生無常而感嘆；他童年時周圍的那小世界，當時以為多麼穩固呀！雖然無論是哪一時代哪一國度的孩童，都以為自己處身的環境是唯一可能、唯一合理的環境——小孩需要一個至少主觀上覺得是穩固可靠的世界才能正常地成長；但洪業成長的那個世界裡，觸目的實物，多半是數百、甚至數千年都沒變更的。生活習慣、觀念、規矩，大都是老祖宗傳下來的。那種牢固不可動搖的實在感可想而知；這是早一輩中國人的福氣。不幸的是，古老的社會不久便因外來的因素崩潰瓦解，在這突然遽變的環境下，如何做人，在新舊之間，怎樣作明智的抉擇，又是他們這一代中國人所不能迴避的考驗。

第二章　洪家的故事

洪曦在福州短暫居留時，有空則幫助一個遠房親戚準備應試。這親戚算起來比洪業小一輩，但他已經二十多歲，洪業叫他「一桑哥」。他有一次帶了三根六尺多長的甘蔗來給洪業。洪業開心得一下子把它們都嚼食了，結果牙床痛了幾天。從一桑哥那裡，洪業聽說離福州不遠的後蒲鄉有個村落全是姓洪的。這偏僻的農村可有些顯赫的祖先。慢慢地，他從父親口中，從他偶爾回娘家的姑姑那裡，斷斷續續地獲悉了洪家的歷史。

洪家據相傳遠溯共工氏。那時天下洪水泛濫，共工族是個水利工程集團，族長因防治水患不成功被堯帝放逐了；西元一世紀左右，又觸怒了當權者全族被誅，只有一個生還者逃到西邊去，他匿姓為「洪」。因「洪」字與共工押韻，而且保存了「共」這個偏旁，左邊的水這個部首又顯示他的祖先是治水的。

一直到宋朝，洪族都沒有顯赫的人物，宋徽宗、宋高宗的時候出了個洪皓（一〇八八—一一五五）。洪皓出使金國，被金人扣留了十三年，回朝後得罪了秦檜，又被放逐到邊境去，著有《松漠紀聞》，是關於現在中國東北的第一本地理書。洪皓有三個兒子：長子洪適，是南宋的名臣，洪族的歷史就見載於他的《盤州集》中。次子洪遵，是中國第一位古錢學家；三子洪邁，是史學家。因為這三兄弟都有作為，史稱「三瑞洪」。十三世紀蒙古人南侵中原時，洪遵的一個後人逃到福州附近住下，在後蒲子孫繁衍，雖然世世代代都是寂寂無聞的文盲或半文盲的農人，但也維持了一個宗廟以及家譜。洪業的父親洪曦中舉後，第一件事就是回這宗廟祭告祖先，並重編後蒲洪氏族譜。一九四〇年代，洪業五弟洪紱為國民政府工作時，也到這村落去了一趟，非常受當地父老的禮遇。

洪業的曾祖父繼承了一塊不小的田地及一間雜貨店，還有一條來往閩江載米的船，在十九世紀中葉的後蒲算是個富人了。他做生意賺了錢又買更多的地，通常是一個親戚為喪事喜事缺款向他借，便把地契交了給他，說明貸款人若籌得多少鐵錢後，便可把地贖回去。這期間，貸款人便成佃戶，還是種那塊田地，可是收成是要跟新地主相分的。不幸這曾祖父很年輕便去世了。那時中國經濟局勢正因英國人輸入鴉片白銀外流而動亂，錢幣屢次貶值，結果鐵錢被廢，法令說鐵錢可繳出換銅錢，但交換的比例對鐵錢極不利。那些欠了洪業曾祖父債務的人便趁機欺負孤兒寡婦，而強迫以作廢的鐵錢贖回地契。洪業的曾祖母慌了，帶著兒子逃到福州城裡相依為命，先是典賣了細軟過活，後來替人縫紉。小孩送去讀書，可是孩子學得也有限，便想辦法做學徒謀生，拜了一個廚子做師父。他手藝很好，被師父推薦到一個滿洲人家做廚子。過節時賞錢就帶回家給母親過日子。

一九七八年洪業講到這裡，興奮了就由英文轉用中文講，如身臨其境地敘述他小時候耳熟能詳洪家相傳的故事：

很特別，一天有人敲這小房子的門，來了個女孩子，這就是我的祖母。她蓬頭垢面，衣履破爛不堪，進來就跪下，說我是江家某人的女兒，早年訂了婚給你兒子，好不容易九死一生奔來了。原來他們全家也逃離後蒲，半路碰見土匪，父母親與帶著的兩個傭人都被殺了。土匪見她一個女孩子，八、九歲，便把她拐走賣了給從廣東來福建的一個姓謝的做小丫頭。這姓謝的是好人，太太也是好人。謝家開鋪子，沒孩子，就待她像女兒一樣，可是慢慢這孩子大了，長得好看，就有人來說親，但親戚就說，這姓謝的自己沒孩子，十七、八歲時做姨太太可生孩子，不是頂好嗎？這姓謝的很好，說我們不能做缺德的事，慢慢等她再長大再說。這孩子也知道她不是要被嫁出去，就是要做姨太太了。就要想辦法打聽她未婚夫的下落。據說在一個月亮很明的晚上，她就打了小包袱，把平常年節賞的錢帶了，給謝家夫婦房子磕了三個頭，說這一輩子要報這個恩，但現在對不起了。

那時候一個女孩子不容易逃，又長得好看，就故意弄得難看，千山萬水地跑，到處打聽。

我的曾祖母當然很高興了，拿存了的幾個錢，請了鄰居，對祖先牌子磕了頭、拜天地。本來就沒有什麼房間，老太太就住到廚房去，屋子就讓給新郎新娘做洞房。可是我祖母拉住我祖父在天井燒香，對他說：「我這一輩子最大的恩，是謝家的。我對不起他們。現在我看你賺錢有限，我也想做點女紅，拚命存錢，我要對天宣誓，以吃苦耐勞的方法，積到一千兩銀子拿回給謝家，以報他們的大恩。」其實他們買她時也不過幾十兩銀子，但吃了人家的飯。我祖母又說：「那我們現在要成夫妻，只要名不要實，這樣才能激勵我。」但我祖父說：「不用那樣，我可對你宣誓，我也跟你一樣，盡量存錢報了這個恩。」於是他們才真正成為夫妻。可是積錢很不容易，好幾年才積幾百兩。

有件事情發生了，那家滿洲人做官被調動到廣州，帶祖父去，多給他錢，過一、兩年就要讓他回去。碰巧不久太平賊來了。侵入廣州，頭一件事就是要殺滿人，給滿人做事的也算犯了罪，是二毛子，我祖父被綁住帶到一個廟裡去。平常的廟呀，前面是個正堂，後面有後堂，廟房有個小菩薩，一進去，好些人已關在裡面，沒椅子，大家都蹲在那裡。不久就來了兩個人，一個拿了硯臺，一個拿了小簿子，喊叫站起來，一個個站起來了，問你姓什麼，名什麼，多少歲，在什麼地方做事，為什麼給逮來了。說了那個人就寫。那時的工人嘛，沒穿褂子的，就一條褲子，一件短衫，問到一個人，穿了長衫，而且是綢的，他說他是謝某人，有個小鋪子，常跟滿洲人做買賣。那兩個人走後，不久門又開了。好幾個人進來，剛才那兩個人又來了。另外又有一個，好像官大一點的，而且端了張太師椅進來，端了個紅墊，到我祖父跟前，把他抓起來，按他坐在太師椅上，那官高的人向我祖父磕了三個頭，說：「王爺呀，我對不起你呀。」我祖父想不出這是什麼玩意兒，原來洪秀全也是三瑞堂，每個三瑞堂姓洪的抓到了都封做王。把他送到南京去，抓他的人也可升官了。他們把我祖父馬上搬到上房去。我祖父很機靈，說：「我不能去呀，因為我先生在這兒，教我念書的。」「是哪一位呀？」「就是那謝先生。」所以連那姓謝的也要搬到後殿去。那傢伙莫名其妙地跟他去了。

到了那裡擺了酒席很威風。那個人就問：「我們素不相識，你為什麼救我一命？」我祖父就告訴他我祖母的事，說：「你是我的恩人。」他們就商量要怎麼辦好。那姓謝的說照他知道這些人是瘋子，跟他們沒好處，將來一定出事，還是逃走好。半夜裡他們就爬後牆出去了。後面有兵追來，就分開了，後來再沒有這姓謝的消息。

我祖父逃回福州，再找別的官邸，走的地方也很多。我也不知道什麼時候我曾祖母死了，我祖母生了一個女兒，四個兒子，女的最大，沒受什麼教育，嫁給鄉下姓陳的，有時回娘家告訴我不少事情。四個男孩中老三剛出生不久就死了，大概是天花。

洪業的大伯父考中了秀才。祖父斷氣之前叫妻子「把那鐵盒子拿來」，裡面裝的是從後蒲帶出來的地契，他拿了地契用火把它燒了，對長子說：「靠我祖宗的陰德，你有機會受教育而現在中了舉。作為一個讀書人，你大概有時會想到回後蒲把田地要回來，而那些不識字的人一定門不過你。我今天把地契燒了，為的是我也想為後代積點陰德。」

洪業的祖父一八七六年過世的時候，洪業的父親洪曦才十歲，繼而家道中落。大哥要準備考試，便應徵當了私塾老師，二哥雖中了武秀才，後來又中了武舉人（考騎馬、打靶、比力氣等項），卻因抽大煙一天比一天不振作；姊姊也沒有餘力幫娘家，洪曦只好到一家文具鋪去當小學徒去。

做學徒勞力換來的是薄衣薄食，還有個住宿的地方。過了三、五年升了雇員後才有薪水可拿，在店鋪後頭隔了一道布簾，便睡在布簾後鋪板上。每天清早起來到河邊挑水貯滿水缸，把門板拆下來開店，師傅來時帶了飯盒，和師傅吃完早飯便洗碗筷。他學會怎樣把紙張折好訂成本子，怎樣補紙、切紙，怎樣點貨。賣的無非是附近小商人以及隔壁私塾所需要的筆、墨、硯、紙、帖子、手折。

中國那時候讀書人唯一有面子的出路是做官，一千幾百年來都已是這樣，所謂「學而優則仕」，要做官就得通過考試。考不上可以再考，有些準秀才考到老死都沒考上。文具店隔壁私塾的老師便是一位準秀才。學生則是附近小商人的兒子，不過想略識幾個字，會點加減乘除而已。但是那時候的教育是沒有彈性的，一點都不因學生求學目的之不同而有所伸縮，教育方法一概是強背，要學生把經書大聲朗誦到背熟為止。洪曦在沒當學徒之前，隨著他哥哥讀過點書，靜寂寂地打雜時，便豎起耳朵來聆聽隔壁的誦書聲，聽聽有沒有自己熟識的段落。一天，那個老師與一位朋友相偕過來買文具，他們正在熱烈地討論著經書裡的某一句。做學徒的洪曦指出他們引經引錯了，他們十分驚異，那做老師的就打聽這孩子的家庭背景，並且提議，如果文具店放洪曦的話，就讓洪曦做他的學生，替他燒飯做點雜事。那店主就與洪家接洽，結果洪曦姊姊張羅了一筆錢，解除了文具店的學徒合約。

洪曦跟老師念《四書》，並熟讀十二世紀朱熹對《四書》的詮釋，這對一個準備要應試的人是必須的，因為當時考試要寫「八股文」，考題一定是《四書》裡的某一片段。應考人得在那八段的文章內，表現自己知道那片段是從四書上什麼地方引出來的，朱熹怎麼說，與別家的說法有什麼不同。文章要有點獨創，但又不能離一般的見識太遠，而打分數時文飾的成分占得很高。洪曦前幾次應試沒有成功，過幾年老師就提議他另就高明，拜一位姓陳的先生為師，這陳老師也願意免費教洪曦，並推薦他教書，替人抄寫。洪曦有點錢了就可以寄點給母親。他也參加了一個文社，二十來個準秀才每個月幾次在廟裡研習八股文。大家互相衡較，並把自己的文章與最好的對比。叫和尚準備點午飯，便可整天消磨在那裡。

考中秀才以後，洪曦的生活環境便大有改進了。有不識字的人來請他寫信，商人請他寫招牌。其實洪曦因小時在河邊打水摔倒，手肘骨折過所以手不穩，握筆寫大字是很費勁的。洪業記得小時候看到父親把字紙攤開平放在地上，撒上幾把生米，小心翼翼把米弄成字形，然後用炭板把字的外線勾出來；最後他把米撥開，再把毛筆蘸上墨填字。寫這樣的字，報酬是一、二兩銀字，可夠買幾天的飯菜。有時候他替人寫墓誌銘，那就可賺五十至一百兩銀子。

一八九一年，洪曦考中舉人，第二年便得上北京考進士。京試三年才舉行一次；但由福州到北京有一個多月的路程，還得請傭人挑行李。到了北京又要吃又要住，窮書生一個怎麼辦呢？那時有很多做媒人的，專門注意這些稍有前途的才士，有個福州的茶商林鍾皋來說親，他家的女孩子十八、九歲，叫林飛，是福州有地位人家最早放天足的，便安排一個節目讓這兩個年輕人互相瞥一下，雙方都十分滿意，而洪曦託媒人向林飛說：「我是個嚴守儒家規矩的人，如果考試考上了，做官要做個廉正的官，所以一生不會有什麼享受。我一生沒穿過絲綢，家裡也從來沒有傭人，我不能要求你跟我一樣，可是你嫁給我的話，恐怕生活享用必大不如現前；你如果對這些都明白，還肯嫁給我，我相信你一定是個賢內助，但如果你不能清寒過一生，我們就不用再談洽了。」

林飛很直率地回覆說：「我對他這個人很滿意，願意嫁給他，如果他能那樣生活，我沒有理由不能夠。」

於是洪業父母親便在一八九二年成婚，林家同意籌措新女婿到北京應試的旅費。洪曦考進士考了三次都沒考上，所幸那時有所謂「大挑」的制度，中了舉人的書生可到吏部登記，由吏部侍郎會見分配到各地做小官。差一點的好好先生就被派到各府去辦教育，洪曦是比較突出的人才，被選為「候補知縣」，是九品官階中的七品階（九品最低）。政府為防備公私利益衝突，官員都不分派到原籍的，洪曦被派到離福州千里之遙的山東濟南。

候補知縣是要在省城住下的，在那裡便找同鄉或同年考試的朋友拉關係找差事，借以謀生，也希望有突出的表現給巡撫或總督看。候補知縣應該是帶家室到任的，因為沒有妻子在身邊，人家就怕他年輕鬧亂子，不敢交責任重的事給他做。因為洪曦沒帶妻子來，他只分派到一些短暫的工作，而還是靠寫字謀生。

洪曦沒辦法把妻子接到濟南，主要的原因還是他二哥，洪業的二伯父。他已經結了婚，生了好幾個孩子，開了間小客棧，但因為抽大煙，經營不善，進款不夠用。可是做母親的就是愛這不成材的兒子，不肯跟老四到山東去。就盤算著老四做官寄錢維持她在福州的生活，她就可分一點給老二了。那婆婆不肯去，媳婦名義上該服侍婆婆，就走不開了。洪業的母親雖表面敷衍著，卻常回娘家，因娘家舒服多了。

城裡的洪家長年壓著一股沉悶氣氛的另一個原因是洪業的祖母瞧不起大媳婦，對她不好。那時候洪業的大伯父早已去世了。他本來在一個很好的人家做教師，那人家的大女兒長得很美，年輕守寡沒有孩子，回娘家住，那時候有地位的人家女人的丈夫死了，是不能再嫁的，是宋朝以來的貞節觀念，如果有兒子，或者過繼了個兒子，便可分到一份家產，在夫家住下去。沒有兒子只好回娘家給父兄監視。洪業的大伯父竟愛上了這女孩子，並使她懷了孕，結果草草成婚。大伯父覺得做了件沒面子的事，羞於見朋友，不久就憂鬱死了，剩下寡婦孤兒。洪業的祖母自己是烈女型的人，心裡自然不能容忍這樣一個媳婦，恨她極了，覺得都是她不好，害死了兒子，就把她當丫頭用。

洪業回憶說：「很可憐呀！我一直到現在八十多歲了，還常記起她，一閉眼睛就記得這大伯母，什麼粗工她都做，一年到頭就穿著黑色小褂子，黑色褲子。褲子有的地方還破了一大截，肉都露出來。我炎哥是祖母的長孫，祖母也不疼他，有什麼事，譬如捶背，不叫他做，叫我……後來我母親也知道這一些事，特別照顧炎哥。」

第三章　童年在山東

一九〇一年，洪業八歲時，他的祖母過世了。他父親從山東趕回福州奔喪，然後攜著妻子、四男一女、侄兒、廚師與私塾教師，浩浩蕩蕩地到北方去，洪業還記得廚師嚷嚷在運河上教他釣魚。

洪曦又過了三年後才由候補知縣正式升為知縣。其間他找過些短暫的差事，譬如某縣出了個命案，知縣審了，當事人覺得不公平，就到省城，厲害的甚至到北京「喊冤」。上面於是派人去審查。這種差事給的盤費是不夠用的，可是經過各縣知縣都招待，如果有點交情的，或同年、或同鄉，都送點禮慰勞他，這叫「打秋風」，這詞可能來自「抽豐」，你豐富，我趕路抽一點的意思。他有時候也當考官，洪業記得有一次父親問他《文心雕龍》在哪裡，因他審考卷要加評語，想借用《文心雕龍》的詞句。有時他被派去把當地的稅收送到北京去。這是好差事，因為報酬多。先是把一棵樹砍下，把樹幹從中分成左右兩半，挖空了把元寶排好放在裡面，再把兩半樹幹合起來，用鐵絲捆牢了，糊上紙。為了防強盜，雇了鏢行護送，一路上打著鏢行的紅旗，直奔北京的戶部。

在山東的頭幾年，洪業與他弟弟跟福州帶來的謝先生讀書，有時妹妹也來旁聽，他們孩子在一個屋子裡朗誦，謝先生在隔間把他們一個一個叫進去背書。每個孩子每天背一段書，習作一篇文章。這時候洪業很喜歡看小說，是叫認識字的傭人偷偷從小店租來的，一部小說有好幾本，租一本五天一個銅板，應該睡午覺時在棉被下偷看，有時上課他一邊嘴裡朗誦著經書，一邊卻看著故事，一不小心嘴裡念錯了，謝先生在隔間便敲打出隆隆聲響，把洪業從想像的世界震驚回到現實來。

「可是我剛開始看小說，淫的東西不懂，只覺得打架的有意思，最愛看的是《西遊記》裡那猴子變玩意兒，有一次晚上看孫悟空被妖精抓去了，他在那邊哭呀，叫呀，說對不起師父，我也哭起來了。」

「開始時我主要看《西遊記》、《封神榜》、《七俠五義》，還有《七劍十三俠》，《水滸傳》中有一段專講淫的我那時還不懂，等到相當大了，男女事情比較知道點，才能欣賞《紅樓夢》，可是講到非常淫的地方還是不懂，而且不感興趣，就覺得這東西太不好了。後來看《聊齋》。《聊齋》的文字實在好，而且是用古文寫的，對讀古文助益很大。書中的典故尤其用得恰當。」

在家裡最快樂的時候是吃完晚飯後，孩子們圍著父親聽他講故事，故事中很多是有詩句的。洪業到老都記得。

有個故事講到劉基（伯溫），他非常聰明，幫明太祖定了天下。有一天下雪，太祖說：「啊！一片、一片、又一片。」

後面就有個太監說：「我給您繼續好不好？」他說：「兩片、三片、四五片。」

還有一個太監，又加上去了，說：「六片、七片、八九片。」

劉伯溫就說：「你們不能再往下去，我替你們把它結束了吧：『飛入梅花都不見。』」

另有一次，又是下雪，明太祖看見有隻白狗在那地方，雪下在狗身上，他說：「白狗身變大。」

有個太監就說：「黑狗身變白。」

又有個太監想接下去，可是想不出來，明太祖就問劉伯溫：「劉基，你說這怎麼辦？」他就說：「大明好江山，萬里共一色。」

還有個笑話，說清朝有個人考翰林，講到皇帝陵前的石頭人，本該叫「翁仲」的。可是應考人記錯了，寫成「仲翁」。乾隆皇帝看了，就在卷頭上題了一首詩，相當刻薄：

翁仲如何作仲翁？可見窗下欠夫工，

如此那堪居林翰，著貶江南作判通。

另有一個考試的故事，說有一次考題是湯圓，有人作了首詩，考官看了叫好，說這人以後一定做大官，因為詩中有這樣兩句：

甘白俱能受，升沉兩不驚。

洪業父親也喜歡講關於他的老師陳先生的事情。這陳先生很有學問，在福州頗有名氣，有一年閩江泛濫，福建巡撫的馬夫匆匆忙忙回家去援救他的妻兒，馬棚裡的馬被淹死了。巡撫便把馬夫逮了，關起來，要處決他。馬夫的妻子來找陳先生幫忙，陳先生寫了一首詩，教她怎麼做。第二天早上，巡撫從衙門出來時，那婦人在路中跪下，攔住巡撫的轎子喊冤，巡撫只好停下來聽她講話，她說：「我丈夫是大人的馬夫，他為了救我和孩子，結果失職讓您的馬淹死了，他在牢裡，聽說您要處死他。」

巡撫說：「對的。」

「有個很有學問的人替我寫了一首詩求情，請您看一看。」

詩是這樣寫的：

昔年廄焚東魯，大聖惟恐傷人。

今日水淹南關，丈夫何心問馬？

上半段是指在《論語》裡有一段說馬棚失火了，孔子問有沒有人受傷。下一段借此諷刺巡撫關心馬而不關心人。巡撫看了很慚愧，叫那婦人回去，把馬夫放了。

洪業本身五英尺八英寸高，他父親卻有六英尺高，相貌很好，喜歡抽水煙，應酬時偶爾喝點酒。他唯一的嗜好是和朋友玩「詩鐘」。洪曦的朋友喜歡到洪家來舉行詩鐘，因為那福州廚子手藝好，尤其善炸牡蠣，用熱油炸出來的牡蠣，金黃色得像蜜餞一樣，很好吃。他們也鍾愛洪家的長子洪業，詩鐘看時間搖鈴是洪業管的。客人還沒有到以前，洪業就在桌子上擱好了硯臺、筆、紙、幾本有關典故的參考書，然後在相對的牆上貼了紙。一邊是七個平聲的字，另一邊是七個仄聲的字，平仄得對起來，而且避免用怪字。寫好一條一條，從下面把它捲上來，沾上點漿糊貼起來便看不見了。差不多下午三、四點鐘客人來了，各帶一小布袋的銅板，一般有十來個人，下雨天就少幾個。詩鐘開始時，洪業請客人在一邊牆上貼的紙中隨便挑一張，再請另一客人在對面牆上貼的紙張中也挑一張，洪業把被挑的兩張紙揭開，大家便見到兩個平仄相對的字。譬如平聲字是「天」，仄字是「馬」，那大家就開始吟詩作對，頭一個字不是「天」就得是「馬」，要是用「天」，那第二句的頭一個字就得用「馬」。大概二十分鐘以後，洪業當啷當啷搖鈴了，大家便得放下筆來。有些作得快的這時已作出幾對聯子來了。洪業把聯子都收到小籃子裡，分派給各人看，各人很快地把認為好的擱在一邊，抄下來。有的給一個銅板、兩個銅板，真好的就給五個銅板，最多給七個。都不知道是誰寫的，看完了就遞給下面一個人，這樣輪流評判，可是看到自己的聯子便悄悄遞下去。過了十分鐘左右，洪業又搖鈴了，那時人人面前都有小單子，表明哪首詩給多少個銅板，頭一個人高聲朗誦，那個聯子的作者就站起來鞠個小躬，跑過去收銅板，有時候剛有人讀了上聯，別人便和聲讀下聯，因為他們也取了那首詩。那作者就得意了，圍著桌子跑一圈，一邊跑一邊收銅板，大家拍手恭喜他。接著做第二個對子。這次得用在聯子兩句的第二個字上，七個對子都做完了，已是吃晚飯的時分，便請大家上桌吃晚飯。大家興奮地討論哪一個聯子特別好，哪一個聯子做得離譜，相約下次哪一天再聚。

有一次，揭出的對子平聲是「妍」，仄聲是「滅」，大家正在那邊做，洪業異想天開也偷偷做了一聯：

花未開完香不滅，春雖老去色猶妍。

讀的時候，差不多每個客人都選了這首，洪業就跑去收銅板，大家都很驚訝，洪業的父親生氣了，說這孩子怎麼那麼胡鬧，可是別的人說這聯子做得好，還有恭維老前輩的意思，大家很賞識。

洪業父親的朋友中有個姚南泉，與洪曦同年，但官比洪曦大，是候補知府。因他行醫有術，常看闊人的病，得一百、兩百銀子是常有的事，所以他相當有錢，他坐的是四人抬、藍呢做的轎子，洪曦病了就叫洪業去請他來。小孩病了嘛，通常是母親想法子，看看《本草綱目》，叫洪業到藥鋪子裡買回藥來給小孩吃，不久也就好了。可是當洪業十二三歲時，有一次老二生病發高燒，吃母親的藥不見效，父親就說這不是母親能治的病，派洪業去找姚老伯，磕一個頭請他來。那時候老二已腦筋不清楚，不能答話，姚老伯把了脈，檢驗他的眼睛鼻子，又看他的舌頭，就要洪業預備筆和硯臺，他開方子。那時候開的方子，大概是說這病關乎太陰或太陽，開什麼藥，一錢這個，一錢半那個，說要用冷水煮或熱水煮，怎麼吃法……他第二天來看，老二直在喘氣，苦極了。姚老伯又開了差不多同樣的藥方，不過多了一、兩樣，去掉一、兩樣，說：「試試吧！」第三天早點來，看見還是無效，又開個方子，這回寫得跟上次不同了。開完了就與洪業父親一起抽水煙談天，說這病有點特別。他前一天晚上很晚睡，看醫藥書，居然看到這病症，說從前什麼地方有人有此病，吃什麼藥吃好了。所以便開一服比較厲害的藥，得吃兩次。

洪業對這件事記得很清楚，當老二把藥吃過第一次以後，不僅沒有好，反而更糟了，不省人事，嘴裡吐著白沫。母親就說這藥大概用錯了，父親說不會錯，於是用水把藥再熬一次，用筷子把老二的嘴撬開，灌進去，老二就抽筋，難過極了，要死的樣子。母親哭了，全家束手無策地守著這小孩。過了半夜，聽見有人猛力打門，洪業趕快拿了燈籠開門，姚老伯的轎子一直抬到院子裡。一進門就問：「孩子還活著嗎？」叫洪業拿燈來，把原來的藥單看看，他說：「萬幸！萬幸！靠你們家的陰德，不然這藥就把孩子弄死了。」於是叫洪業研墨，把原來的藥方弄平了，拿起筆來，在上面寫：「加大棗一枚。」讓洪業坐著四人抬的轎子，前面還有兩個人打著燈籠引路，在黑夜裡大搖大擺地到藥鋪，把夥計喚醒買了藥回來，姚老伯看著洪業的母親把藥煮好，灌下去了。差不多到天亮才回去睡覺。說：「如果這還不好，我就不行醫了。」第二天老二果然好了。於是洪家就把姚老伯當菩薩。

過了一些時候，洪業放膽問姚老伯，何以他那天開藥方，一顆大棗有那麼大的區別？姚老伯對洪業說：「你不是學醫的，要講理由你也不會懂。不過我給你打一個比方，一個人得病就像一個國家受外敵侵略，把國家鬧得一塌糊塗，如果亡國人就死了。那麼我們必須自己訓練出一支軍隊，與敵人對打。要比外敵更厲害，才能打得過他。可是這些兵最重要的是要有個元帥，沒有元帥管這些兵，兵會搗亂。大棗呀，中藥裡叫中軍，紀律是他弄的，沒有他，兵愈強就愈壞。」

像姚南泉這樣的醫生，是無法談酬金的，只能在年節時送點東西。洪家窮，沒有什麼東西，可是外祖逢年過節一定寄些福建的乾荔枝、乾龍眼、酸梅，來了好幾籮，當然還有茶葉。母親是闊家的女兒，便分成一大盆、一大盆，預備送人，父親看著不忍，要抽點出來給小孩吃，母親就說不行！他們兩個一個擱進去，一個拿出來，總是相持好幾天。然而東西送去了，人家是要回敬的，像姚老伯這樣的朋友知道洪家窮，便回送了大元寶來，可以吃幾個月。

洪業的母親是個性格倔強的女子，很有男人氣，辦事有魄力，她沒有受正式教育，認識的字有限，但喜歡看書，把《本草綱目》看得很熟。當洪業十歲左右，他的母親偶然弄到《新民叢報》看，洪業開始意識到他長大以後的生活方式將與他父親很不相同。

那時中國在劇變之中，但時事新聞得來不易。《京報》是看得到的，主要是講什麼人派上了什麼官；那時上海的西方傳教士已出版了《萬國通報》，洪業在山東並不知道有這種報紙；《新民叢報》則是梁啟超在日本辦的，是犯禁的。看了這報紙，才知道中國幾乎被西方列強與日本瓜分，也知道一些一八九八年戊戌變法的事情——梁啟超與康有為怎樣勸服光緒皇帝革新，而慈禧太后又怎麼樣把光緒皇帝軟禁，把他所訂的新條令取消。洪業的母親很氣憤，說如果她是男人的話，願意去投奔梁啟超做他的僕人。

可是連慈禧太后都沒辦法阻擋歷史巨輪的進展。中國舊官僚無能力應付新問題、新思想，是有目共睹的，一九〇五年，洪業正好十二歲，一千多年來替中國政權塑造及甄選人才的科舉制度終於作廢了。當時，這是件幾乎不能想像的事。從此以後，新式的學校將用新的教材來訓練新一代的知識分子服務國家，洪業便屬於這新一代的知識分子，他們將嘗試用新的辦法來解決中國所面臨的種種問題。

第四章　青春好時光

洪曦第一次正式當上知縣時已是一九〇六年，洪業十三歲左右。山東魚臺並不是個肥缺，處於土匪猖獗的沼澤地帶。前任知縣匆匆離職，上面有令要洪曦馬上到任。於是洪曦便攜長子洪業先倉促地去了，過了幾個星期，其餘家屬才徐徐乘著轎子吹吹打打地入縣城，衙門前面還開炮歡迎。

那時候做知縣等於當了小地方的土皇帝，衙門便是小宮殿。到了三〇年代，洪業有機會看到中國各地的衙門，發現它們的布置大體都一樣。衙門前都有一堵牆，叫「影牆」，相當大，是用來貼公告的，上面題了八個字：「爾俸爾祿，民膏民脂。」以提醒官吏們俸祿的由來。過去便是一個廣場，旁邊有些小房子，是警備處及各級小吏的辦公處。接著又有一堵牆，牆邊有旗桿、大鼓，還有一種鞭炮類的東西，守門的看到知縣的轎子出門便把它燃放一炮，警告老百姓。再走上去兩邊有廂房，是刑名師爺、錢穀師爺、文案師爺等的辦公處，上了幾級臺階才到公堂。公堂是知縣審案的所在，有張高高的桌子，後面擺了張大椅子，兩邊各站著六個衙役，有的拿了劍，有的撐著打人的竹竿。公堂的一邊是客廳，客廳一邊壁前是個炕，炕中間擱了茶几，知縣接待客人時坐在左邊，客人則坐在右邊，如果另有客人便坐在凳子上。僕人帶了茶具進來，知縣舉起茶杯「敬茶」就表示客人該走了。公堂的另一邊是知縣的書房，公堂的後面，隔著一個院子，是第二進，通常叫後堂，有飯廳和供客人留宿的寢室。第三進是廚房以及僕人的睡房，第四進才是知縣家眷的住所。

知縣手下的刑名師爺及錢穀師爺大半都是浙江紹興人，他們是以學徒制專業出身的，管理文件的文案師爺則是受過教育的人，通常是待考的秀才。這三位師爺下面還有不少當地出身的吏卒，其實知縣手下的這些人總共來說力量比知縣一人大。因為知縣在任時間不長，而這些人長久在職，甚至父子相襲，他們熟知地方沿習，而且廣交地方富豪。他們的薪水雖少，但可向老百姓收大大小小的服務費過活。有些是名正言順的，如準備文件可收費，有些簡直是榨取。

知縣手下還有個小兵團，有時候設了個典吏，專管兵。兵器主要是大刀、小刀、弓箭、劍、幾支老槍，平時不發，要逮賊才發，魚臺有百十來個小兵，多半是有事情才調來，因為常備有問題：錢糧有一定的開銷，而衙裡總是不夠，所以小兵常是位缺了不補，省點錢。不過小兵也不靠衙門裡的小收入，他們出去可白吃百姓的，買東西也半價優待。

衙門裡還用不少在本地雇的僕人，做低微的事，但習慣上知縣總帶了自己的廚子，自己的理髮師，以及自己的刻字匠，以發表他的公告，刊印他私人的詩文，略有雄心的知縣還出版地方誌。洪業說：

> 其實知縣最主要的責任是收稅，看這一塊地方有多少人，應有多少錢糧，由他負責榨出來，送到省城去，末了到朝廷。稅徵得很厲害，有時窮人納不起稅，很慘，就把兒女賣掉，甚至把太太租給人家，不然交不出稅逮住了要大打一頓。第二件事是維持當地的治安，其餘教育呀，文化事業呀，都是點綴。

當時知縣被視為一縣內所有學者的老師。洪曦逝世多年後，他的三子洪紳在國民政府下當工程師，到了中國很多地方，還偶爾有陌生人來訪，說是他父親的「學生」，堅持要請他吃飯。知縣其他的文化責任包括修理當地孔廟，以及為守貞節的婦女立牌坊。

知縣每月三、八、十三、十八、二十三、二十八號開堂，一早公堂就打掃乾淨，公堂中間的公案蒙上紅呢布，案上有兩個錫做的大硯臺，一紅一藍，有人替知縣磨墨，有水壺，還有籤桶，像個大筆桶一樣，籤是竹子或木做的，一部分是紅綠藍，下面白色可寫上字，出差時拿著籤出去，說要抓某人，很威風，案情大多是家庭糾紛或產業問題。洪業回憶說：

> 譬如有個老人不甚識字，跑到城裡說兒子不孝，兒子媳婦吃好的，給我吃不好的，有時講話很不客氣。他付了幾毛錢，訟師就可替他寫個呈子，他就拿了這玩意兒到衙門，上繳刑名師爺，說「請青天老爺替我作主」。刑名師爺就派下面的人去調查。開堂那些日子，往往就知道

是怎麼一回事。有時就叫差人拿了籤把兒子抓來，先擱在衙門外的監獄裡，有些官就把他們打得一塌糊塗，我父親仁慈，不愛打人，先關他一下，關他會不舒服的，他就在裡面後悔，十天八天後叫出來，就說不敢了。實在可惡，就打他五十下。屁股是天生可打的地方，啪啦啪啦，又響又疼，坐都不能坐下，有時皮打爛了，過一會兒就好了。（土匪就打背，有時打死。）兩人按下就數，有時那做父親的原告看著心裡難過，又是自己兒子，就叫停了。要是女人，脫起褲子來打屁股是大羞恥，以後更不敢了。還有兄弟爭家產，叫青天老爺分了；有的是婚姻問題，一個人跟某人訂親，又嫁給了別人，這是很討厭的問題。最多是關於產業的問題，地主說佃戶沒繳租。命案比較少。有一部書很妙，叫《折獄龜鑑》，宋朝傳下來的，若有個人被毒死了，要知道是什麼毒，怎麼知道呢？我父親就常用這本書。還有一個東西，是父親到魚臺任後買的，價錢相當貴，是一條差不多純銀像筷子的東西，裝在很好的盒子裡。有命案都帶出去，從死人屍體屁股眼一直通上去，再拿出來，看上面的東西，往往就知道吃了什麼東西，怎麼死的。

父親的薪水，所謂「養廉」，很少；另外有叫陋規的，說陋其實不陋，你新到任，頭一個就是各種商會來道喜，鹽商是最闊的，另米商、柴商、煤商，小的十兩、二十兩，大的幾百兩，比養廉多得多，地方富庶的話，是可發財的；另外也會有賄賂，那父親是絕不收的。除衙門一般的開銷外，還有迎送這一項。常有人過道，先給他找旅館（衙門旁邊常有的），末了要走時還要送點錢。

在魚臺最主要的一件事——我父親用什麼法子知道的我不曉得——他喜歡不坐轎子，微服出行。不過他相貌好，個子高，大家一看就知道是重要人物。他發現兵團裡地位最高的「馬快」跟土匪相通，土匪得了東西就抽一部分給馬快，馬快偶爾打一槍做樣子，或根本不逮；我那時十來歲，就把我找來，叫我和兩個熟的僕人半夜躲在放馬桶的大櫥裡，拿了槍，要是有什麼事就出來；父親把馬快找來，告訴他與土匪相通這事已知道了。父親問他：「如果你是知縣的話，知道這樁事情，應當怎麼辦？」馬快立刻跪在地上磕頭，說：「土匪抓到了就應殺頭，那我跟土匪通了也應殺頭，可是您殺了我，土匪年年還會來。您青天老爺饒我一條狗命，我就擔保您在一天，不會出一個搶案。」我父親快要離開魚臺的時候才對我說，他心中有件慚愧的事，就是魚臺過後很少有搶案，可是對不起鄰縣，因土匪還得吃，只好到鄰縣去搶，是治標不治本的辦法。

在魚臺還有一件事情銘刻在洪業心中。魚臺那個刑名師爺是個年輕的單身漢，很會作詩，在衙門外租了房子，有傭人，常請洪業去陪他喝酒，而且總有燒雞送酒。洪業的父親不但不喝酒，看到酒都會臉紅。有一天他就對洪業說：「聽說你現在喝酒喝得很多。酒不是好東西。」洪業就引《論語》裡孔夫子的話：「唯酒無量，不及亂。」他心想李白、杜甫都喝酒，他怎麼不能喝。父親就說：「好呀，主要在不及亂。」過後不久，那刑名師爺又寫了個條子給洪業，請他去共享一小罐嘉靖年間（一五二二—一五六七）釀的，差不多有四百年歷史的紹興老酒。那天廚子做的菜特別好，老酒倒出來很特別，濃到呈膠性，上面窩了起來，但喝到嘴裡只有香味，像喝香露一樣。他們兩人就把那一小罐酒喝光了。

豈知我第二天醒來，腳上所穿的靴還沒脫下來，身上穿的大衣也沒脫下來，頭上戴的帽子也沒脫下來。是怎麼一回事呢？那時候我就叫「來！」好幾個傭人就來了，預備洗臉——他們看見我坐起來，就在旁邊大笑，我也知道好醜。他們告訴我晚上見我好久沒回來，就拿著燈籠去找，從溝裡抬回來了。那時我說：「老爺在哪裡呢？」就跑去跪下向父親磕了一個大頭，說：「父親一定很難過。」你知道他說什麼？他說：「唯酒無量，不及亂。」我就說：「我現在年紀輕，三十而立，所以從今以後到三十歲以前，我滴酒不沾。」父親說好，我的確到三十歲以前一點酒都不喝。

洪曦大約在魚臺做了一年的知縣，就病得很嚴重，官也沒得做了，把家搬回濟南，住在一條小巷裡，經濟陷入困境，先是把從福州帶來的廚子噥噥辭了，只留個女僕幫忙看小孩，靠當東西過日子。有一天，連驗屍的那根銀條也當了，洪曦心裡很難過，覺得那根銀條若不贖回來，官宦之途便就此中止了。不過這艱難的時期也連帶著兩件好事。第一就是洪業以長子的身分，得留在家裡照顧父親，於是老二洪端便有機會上新式學校。洪端覺得從小什麼事大哥都搶先，很不服氣，剛學話不久，就自己編了個福州話小歌，自己唱：「天啊，天啊，莫要第二。」這一次因為是老二而得好處了。再者，洪業服侍病中的父親，就有機會常親近他，聽他講做人的道理，得益不少。

他教我不少東西，第一，做一個男人要有公德，就是對錢看得開；也要有私德，就是性方面，要守得住，他說他在我母親之外，沒有過別的女人。還有，他雖不懂得基督教，可是有一種相當的觀念。基督教裡有一個說法，說一個人一生應該對上帝負責。聖經裡用「好管家」的譬喻。我父親不知道這一套，但他告訴我，才能是你的，是預備給你用的，你用得好，則有助於利人；你不用它，就不是你的了。一個人一生對別人有影響力，有好處，就是一種生命的延長，你要是只管自己，便是行屍走肉，死了就沒有了。

在他父親的督促下，洪業便好好地念書，已不是為了將來考科舉做大官，也不是像兒時為賣弄聰明，而是正正經經地要學怎樣做學問、做人。

有一天洪曦以為自己病危無救了，便把兒子都叫到床前，對他們說：「窮是讀書人的本分，我希望你們將來不做官，也不要娶富家的女兒。」他顯然覺得這兩件事有損他自己的節操。

洪業回想起來相信父親的病主因是營養不夠，因他家裡長年只吃窩窩頭和醃菜，新鮮的蔬菜都很少吃，肉更是稀見了。

洪曦的病漸漸好些時，家境稍寬，洪業則準備投考山東師範附屬中學，科目有中文、英文、數學。因他弟弟在讀一年級，洪業就打算考第三年級。他自己從一本美國傳教士狄可溫（Calvin Mateer, 1836-1908）寫的《筆算數學》摸清楚了代數。他很喜歡數學那種明晰嚴格的訓練，而終身都嗜好它。父親替他請了一個老師，每天下午來教他英文，從頭學起，用的課本叫《英文漢詁》，對英文文法解釋得很清楚，可是老師的讀音糟極了。後來才知道原來他的英文是向一位日本人學的，而那日本人又是跟德國人學的。

洪業正準備考試時，濟南剛巧開設了第一間公共圖書館，在一個院子裡，進去得付兩個銅板，不准抄寫。洪業便向他父親要兩個銅板，帶了些饅頭在圖書館消磨一整天。他看到一本《呂氏春秋》愛不忍釋，把全本書背了下來。

考試發榜那天，洪業和一個鄰居去看榜，他直到此時沒有上過正式學堂，從來沒有機會與同輩的學生相較，自己預料多半會考不上。他眼睛非常焦急地往上下行，左右排掃視，他的鄰居突然大叫：「你考了第一名呀！」洪業順著他的手指方向看，果然有「洪業」兩個字，他看了一下，暈了過去。

學校裡的科目有國文、英文、數學、體操，還有格致，即格物致知，等於科學。格致的老師是日本回來的。學校又發制服又發書，每個月還有幾枝鉛筆，中午吃飯不用錢，有一碗湯、兩個包子和茶，洪業做班長還有四兩銀子，寶貝得很。可是洪業的同學總嘲笑他，說他的福州口音講官話像麻雀叫；又笑他藍布長衫放長了一次又放長，下截有好幾層深淺不同的顏色，像個寶塔一樣，洪業氣呼呼地回家，他父親總是勸解他說：「把他們當狗吠算了。你真要跟狗講理，說牠錯你對，你沒偷東西不要吠，怎麼辦？難道要趴在地上跟牠一起吠嗎？最好就是不理牠。」

雖這樣說，洪業總是感到很大的壓力，在學校非要出類拔萃不行。中文是最重要的科目，而教科書是用西元前五世紀的《春秋左傳》，班上每週都要作文一篇，洪業每天在家裡都從《左傳》裡選一個題目自己作文。老師出題目時往往就選中洪業已經習作的一個題目，限時一點鐘，洪業二十分鐘左右便把文作好，昂首闊步地走出教室了。

第二年他又考第一名，但他並不因此覺得可以鬆懈，不知道在哪裡看到一首詩，叫〈猴子戲〉，便把它抄下來貼在家裡牆上：

一響鑼聲又上竿，此番更比那番難。
勸君著腳須較穩，多少旁人冷眼看。

洪業在班上成績最好，原來別班上考得好的也都是外省人，不是山東人。因為這些外省學生的父親多是來山東做官的，書香門第的子弟，讀書自然占優勢。這引起本地人很大的不滿，於是政府就特別設一個「客籍學校」，要收學費的，洪業第二年轉到這客籍學校，不久他父親被派到曲阜做知縣，而洪業便搬到宿舍裡去住。

在客籍學校裡，洪業心胸比較開敞一點，偶爾和同學踢踢毽子。學校裡教新課程的老師大多是出過洋的，一般都在日本留學過，教數學的老師是留法國的。自清政府成立以來，有法令要所有的男人把耳下的頭髮都剃光，上面的頭髮則結成辮子，像滿人、蒙古人一樣，漢人久而久之也引為習慣了。有一個老師在外國剪了辮子，平日戴個釘著假辮子的帽子，清政府雖說留髮不留頭，但沒有真為辮子而殺頭的。於是他有時候大膽脫了帽子不戴，同學們爭著看，都覺得沒辮子的模樣難看極了。

客籍學校的學生宿舍設在一個以前科舉用的考棚裡，一個人一個小屋子，屋子裡可容納一張床、一張書桌，還可以自己帶個小書架。有差夫做打掃、倒茶、送信等役務。後面有個廳，以前是監考人用的，再後面有個飯廳，住宿的人可在這裡包飯，很便宜，可是菜極壞。一般是饅頭，有點鹹菜、鹹魚。但可以拿錢叫師傅煎個雞蛋，炒個綠豆芽。稍微闊一點的學生就跑到館子去吃，或者叫差夫送飯，吃好的，給差夫賺一點，吃剩的也給差夫吃。

洪業本來也在飯廳包飯，偶爾被同學請出去吃餃子、肉餅、餛飩，就樂得不得了。後來碰巧有個叫史家駒的同學，比洪業小一、兩歲，數學念得一塌糊塗，不及格，來請洪業教他數學，對洪業說他有個小爐子可以做飯，洪業肯教他，他便做飯，每星期吃一、兩次肉，費用可平分。於是每天傍晚洪業便躺在床上，從蚊帳裡出代數題目考在外面火爐邊的史家駒，效果優良，第二年洪業又繼續替史家駒補習幾何。他回憶說：

剛開始教的時候相當困難，而慢慢地我就覺悟到一個很基本的原理，數學這東西，就是下面的根基沒做好，上面的房子就會有毛病塌下來，所以我的辦法就是非得他把前一步弄得爛熟了，不讓他進一步。這訓練很好，以後我到美國來讀書時，也靠這個方法賺了點錢。

不幸客籍學校為學生吃飯的問題出了樁大事，有些在飯廳包飯的學生欠了廚子很多錢，那廚子向他們要時他們便賴著不給，而廚子也不敢對這些闊子弟怎麼樣，可是買麵、買雞蛋外面都欠了賬，急得不得了。有一天學生早上去吃早飯時，發現廚子居然在飯廳中吊死了，他辮子上插了很多針，每根針上掛了條子說某某先生欠一兩銀子、某某先生欠三錢二分……小條子一大堆。人吊死了大家都很難過，就有人抱不平把條子都列出來，欠債的學生很沒面子，全還了還加上一點送到廚子家去。大家怕鬼，差不多有半年沒人敢上飯廳。

客籍學校年齡比較大的學生已開始逛窯子了，回來常笑洪業對男女的事情一點都不懂，他有時給同學說到臉紅。有一次他們叫洪業跟著一起去，開開眼界，還要替他出錢，說：「這些妓女不像你想得那麼下流，有些比我們還好得多。」於是洪業便跟著去了，見到很體面的粉牆，大門漆得亮亮的。同學們去敲門，裡面的狗很多，一敲都汪汪叫起來了。洪業小時被狗咬過，一向怕狗，這一吠馬上就回頭跑，同學拉他都拉不住。氣喘喘地回到宿舍裡，正準備在床上躺下，卻看見桌上有一封信，是父親寄來的，打開裡面大約是這樣說的：

我的兒子，現在你慢慢成長，開始懂人事，現在在年輕的時候，女色是很大的關鍵。如果一個女人失節，社會會看不起她。男人失節，社會不會看不起他。但是一個大丈夫應該有自己的標準，他會自己看不起自己。你身體要保持清潔，就像器具一樣。念書人要立志做聖賢，有所不為。我老早就有八個字管自己，現在我用另一張紙寫給你，請你記住：

守身如玉，執志如金。

洪業讀了，出了一身冷汗。

客籍學校放暑假時，洪業騎了騾車在石頭路上顛顛簸簸地從濟南到曲阜看他父親。吃飯時間騾車停下來，洪業在小店裡買麵吃，車夫則吃大餅，大餅硬邦邦的在大腿上劈開，把用牛油做的蠟燭塗一塗，便一手拿著大餅、一手拿著生蔥嚼。騾車騎了兩天才到達，屁股疼極了。剛好錢穀師爺告假回浙江了，父親派洪業收稅。他記得有一天晚上回來數錢，算來算去還是少一個銅板，從自己口袋拿個出來放進去。

洪曦在魚臺最頭痛的問題是土匪，而在曲阜最頭痛的是聖人問題。孔夫子在曲阜出生，歷代在該處都保留著規模宏偉的孔子廟。而維持孔子廟的「祭田」由孔夫子的直系後人管。習慣上在朝皇帝封這人為公爵，大家尊稱他為「衍聖公」，到二十世紀初洪曦做曲阜知縣的時候，當衍聖公的是孔夫子第七十六代孫子孔令貽，他手下的祭田有兩千頃。一百畝為一頃，所以兩千頃就有二十萬畝田，在地方的勢力是很大的。洪業說：

天下的事，很多是想不到的。《禮記》上說孔夫子是「野合而生」的，所以很可能是私生子，他自己也說「吾少也賤，故多能鄙事」。大家挖苦他像喪家之犬，沒人管。結婚後和太太不和，又離了婚，好像沒有再娶；有個兒子，可是兒子比他先死，所以常常孤單；他周遊列國想被重用，而沒有人肯用他，只有一度在本國做過司寇，就是管賊的，等於警察長，後來又辭了，一生失意的時候多。但孔令貽靠祖先的力量，也不用考試，官就很高，錢又多，聽說家裡還有班戲子。這人相貌很好，常要請「姑爺」去玩，但父親不讓我去，父親也不去。夏天熱起來，衍聖公就送一塊大冰來，我們從來沒見過的，擱在屋子裡涼快極了。他還是用古代法子，冬天到河裡去伐冰，一塊一塊放進很大的坑裡，用木屑蓋起來，夏天拿出來用。

我父親開堂審案子的時候，衍聖公就常有條子來，應該怎麼樣怎麼樣。父親向來不理的。有一次他知道父親不聽他的，在審判的時候自己跑到公堂來，站在旁邊看。因為他是公爺，官大，父親就得陪他站著，跟他說請他不要來了。他管不了父親。父親因為在很多事情上秉公辦理，所以曲阜這一縣的人說起洪某人就叫他「洪青天」，大家實在愛他。

就在這時候，上海收考一大班海軍學生，洪業便與父母親商量，得了他們的許可去考海軍學校。那時十三歲的洪端已決定在山東進武備學校。他們兩兄弟一海一陸，準備將來做軍官抵抗洋鬼子，保衛中國。

第五章　蛻變

洪業要到上海考海軍學校，他的母親與他一起南下，她準備再往南走到福州看父母親。母子兩人乘著驢車先到濟南，再沿膠濟鐵路到青島，上船駛往上海，不料遇到大風浪，船到一個小島去躲了兩、三天，到上海誤了考期（其實這海軍學校招了生後來也沒辦成）。母親提議洪業去看他父親的一位朋友，商務印書館的總編輯高夢旦；當時商務印書館規模已經很大，是發揚新知識很得力的一個機構。高夢旦提議洪業回福州上美國傳教士辦的英華書院，將來可以辦外交，同樣可以報國。

到了福州，外祖父見從小疼愛的洪業已長大成人，回來念書，很是高興，把他安頓在茶行的客房裡，就是從窗戶伸手可摘到荔枝的那間。洪業一住就是五年，每天早起步行約莫一小時到鶴齡英華書院上課。從南臺外祖家到倉前山得過兩座橋，先是過明朝（一三六八—一六四四）初年築的萬壽橋，有一英里長，是用碩大的石頭砌成的；經過閩江中間一個叫中州的島，上面有很多點心鋪，再走過另一座橋才到倉前山。倉前山除了美以美會辦的英華學院、長老會的三一學院，還有別的洋學校。山坡上住的差不多都是洋人，或靠洋人吃飯的人，而山坡下有不少洋行、賣洋貨。

鶴齡英華書院有七百多個學生，大多數是商人子弟，學校裡除國文一科外都用英文教，一共有八班，畢業班等於美國大學二年級，洪業入學本來是要插入第四班，但英文口試時發現他講英語發音差透了，沒人聽得懂，便讓他從第一班念起。在英華書院裡，洪業陳舊的藍布衫在同學的絲綢間非常顯眼；因他喜歡引經據典，大家笑稱他孟子，意謂做孔夫子不夠格，做孟子還可以。他的學業突飛猛進，英語糾正了，每幾個月便升一班。但他很反對學校裡宣傳的宗教，自己把聖經念熟，覺得不合理的地方用紅筆圈點了，把它抄下，再加上自己的辯駁，貼在公告牌上。

一九一一年十月十日，一場反叛滿清政府的武裝起義在武昌爆發，導致南方各省響應革命，消息傳到福州時，學生們亦都把服膺滿清政權的象徵——即頭上的辮子剪掉，以表示與革命人士團結一致。幾個月間，統治中國三百多年的滿清政府便傾覆了。革命的消息最初傳入山東時，大家不知所措，便策劃練民兵，革命軍打來的話可借以抵抗；而民團得有團長，主要是縣裡比較有地位的人出面，曲阜縣裡衍聖公覺得非得他做不可，地方上的士紳卻推洪曦做，衍聖公不服，就上書撫臺說這洪知縣道行很高，可是書生本色，在此非常時期沒什麼用，得派一個強悍的人來做縣令。因為衍聖公面子大，撫臺也怕他，便把洪曦調回省城。可是曲阜的老百姓不服，聯合起來簽名給新的縣令寄一份公告，叫他不要來，另推出七個白頭老人到濟南向政府抗議請願。

同一個時候，洪業在福州鶴齡英華書院也鬧了一個小型革命。他在學業上有優良的表現，第二年在學校畢業典禮上突然聽到臺上宣布他全校成績最高，頒給他一本商務印書館新出版顏惠慶編的《英華大辭典》，讓他非常得意。可是他對基督教的反抗一點也沒有因此削減，而且還吸引了一些同學贊同他。他主要是說基督教與儒家傳統相抵觸，而儒家學說遠比基督教高明。他說儒家最重要的是講孝道，兒女不得對父母無禮，身體髮膚受之於父母，不敢毀傷，而希望名揚聲顯以榮耀父母。耶穌則是個很不孝的人，這種人不配做什麼教主；譬如《約翰福音》裡有一段講在迦拿有個人娶媳婦，道賀的人很多，喝酒過了一會兒酒喝光了，大家慌了就找耶穌的母親，說你兒子可變奇蹟，現在酒沒有了，叫他變點來如何？她去找耶穌，耶穌回答她說：「婦人，你怎麼來打擾我？」可是過一會兒水缸的水就變成酒了。洪業說耶穌做兒子這樣對母親說話，顯然不孝。學校的老師在這一點上怎麼也辯不過他，於是便有些傳教士提議開除洪業，不讓他繼續搗亂，可是校長太太高迪夫人（Mrs. Gowdy）替洪業力爭，說學校不能因宗教原因開除一個學業優良的學生，應該為他祈禱。

洪業接到他父親的信說他在曲阜的官丟了，此刻在濟南賦閒。洪業便求他父親南下幫他維護孔夫子。他老先生居然來了，把三兒子洪紳也帶回來了。當時正好是春天，下著毛毛雨，洪曦身體本來就不太好，去掃墓受了涼一病不起，在岳父家去世，享年四十七。

父親的遺體不便停在外祖家，十九歲的洪業把棺材搬到城裡一個廟裡，並打了一個電報到山東通知母親，還寫了封長信給弟弟洪端。當時洪端也病危，母親走不開；洪端後來死了，母親把他埋葬在山東章丘，把墳地交給炎哥與他的北方太太。她攜兒帶女踏著十來天的海陸遠途趕回福州的時候已是夏末。馬上又忙著把十五歲的女兒沚蘋嫁出去，因為女兒已許了福州的陳家，而中國規矩是三年之喪不能婚嫁，在百日之內則可以，陳家只有一個兒子等不了三年。婚事辦完了，才能把丈夫下葬。

洪業在母親未能南下之前先為父親做了哀啟，敘述他父親的一生，又發訃聞請親友參加開弔，父親好些朋友都來了，沒有來的朋友也寄了輓聯來，好幾位說他父親欠的錢現在不用管了，把欠據在柩前燒毀。洪業在倉前山學校附近買了塊地，立了碑，題了《漢書．敘傳下》裡的八個字：「沒世遺愛，民有餘思。」後來洪業的母親也葬在那裡，洪曦是帶著辮子進棺的，民國雖已經成立數月，他仍是清朝的忠臣。

洪業喪父對他是個莫大的打擊，在他的心靈中留下了一大塊空白。他父親逝世後一、兩天，校長太太高迪夫人來探望洪業。她慈藹地問洪業他父親為人如何，洪業就對她敘述他父親的一生。高迪夫人對洪業說，你父親這麼樣的話，有機會一定做基督徒，洪業說：「照你們的說法，不信耶穌的人死後會下地獄。」她說：「這是對沒有知識的人說的，對受過教育的人有不同的說法。天堂地獄到底怎麼樣我們不知道，如果真有天堂的話，你父親應該在天堂裡面。」

她又說了一句話，說中了洪業的心：「你對聖經很熟，而反對它很多地方。可是這不是讀聖經的辦法，讀任何書都不能用這種辦法。書是古人經驗的結晶，好的壞的都有；就像有人擺了一桌筵席給你吃，你應該揀愛吃的吃，不好消化的不吃。而且盤子碟子都在那兒，你不要把它們也都吃了。聖經古來言語就換了幾次，所以看聖經要揀好的記著，其餘的不要。裡面有錯誤、前後矛盾的地方是難免的。但有些看來似是矛盾的地方，往往以後發現並不矛盾；但你專心去記那些，等於白費腦筋。」

洪業想想覺得有道理；前些時候，洪業在表面上雖固執不改，但內心對基督教的反抗已經稍弱了。有幾位來學校傳道的人觸著了他的情感與理智。聞名播道者舍伍德．埃迪（Sherwood Eddy, 1871-1963）曾來學校講道，他先是講空氣的性能，說空氣雖看不見摸不著，但這並不證明它不存在，然後把帶來的一個空罐放在熱源上，罐子因裡頭的空氣受熱便逐漸膨脹了。埃迪先生戲劇性地往罐子上澆了一杯冷水，空罐馬上萎坍。埃迪借此談論神性，說神雖無形，但如空氣一樣確實存在。另一次埃迪先生激動地宣告說：「中國歷史上也有先知：孔子、孟子、莊子，都是先知；世界各國有很多事情都應向中國學習。但現在中國在內憂外患中成立為共和國了，而第一個承認中華民國的是美國。美國人中最優良的分子都愛中國人，而中國年輕的精英分子很多在美國受教育，要回來做中國的領袖。他希望中國人與美國人間有百萬個友誼，如花怒放，連繫著隔著太平洋的兩國。他一邊說一邊伸手去與他的中國翻譯員握手，他們兩人的手分開時，觀眾看到兩手之間拉著點東西，展開來是中華民國與美國相連的國旗，轟動了全堂聽眾，大家一起站起來鼓掌，洪業也非常受感動。

結果，高迪夫人流露的基督教精神與她對教義通融的解釋，贏取了洪業，他皈依了基督教。現存一封洪業於一九一二年八月二十五日用英文寫給高迪夫人的信。高迪夫人後來把此信寄給璐得·克勞福德·米切爾（Ruth Crawford Mitchell）女士，這位女士以後對洪業的一生也甚有影響。此信披露了洪業早年心中在基督教與儒家間的掙扎：

……我母親今年不能來，我覺得很遺憾，因為我弟弟病重不能離床，她要等到弟弟病好才能來。（山東對剪辮子的人反動作戰，我的堂哥已趕了回去。）我把您贈的書郵寄給母親，它們對我瞭解主耶穌的復活很有幫助，我相信對她也會有幫助。

……世界上確實有很多好人，遵照神的意旨而活，但他們並不稱為基督徒，他們是孔門弟子。不知道他們是否在我們天父的庇佑下，能得主耶穌救恩，但我相信他們並不比基督徒差遜。

若有人問：「耶穌入世是為以色列一國還是為全世界呢？」基督徒必答：「他為全世界而來。」可是我相信這不是真的。為什麼耶穌在世時傳道經過的地方那麼狹小？為什麼他不到中國來呢？直到最近，中國人才有機會聽聞關於耶穌的事情，而猶太人從出生就知道他。必是神愛人類、喜歡人照他的意旨而生活，但人類逐漸遠離他而接近撒旦，所以神派耶穌到西方，派孔子到東方，以拯救人類於萬惡之中。我們基督徒相信耶穌是神的兒子，我們不知道孔子是否也是神的兒子，是神的親屬，或是神的僕從。無論如何，耶穌和孔子都是神的傳信人，是拯救人類的恩者……。

高迪夫人傳遞這封信附說：「別讓洪業知道我把這封信轉送給你，我希望他不會自視過高，免得讓名利、野心的毒癌蔓延於他的生命裡。這是我們祈禱中要常念著的。」

洪業對高迪夫婦說他希望貝賜福（James W. Bashford, 1849-1919）主教能於翌年正月初一為他施洗，因為他佩服貝主教眼光大，而且貝主教常說孔子很偉大，思想與基督相差不遠，正月初一是取新生命的意思。於是高迪夫婦去找貝主教，貝主教說他不常為人施洗，而且正月初一不是禮拜天，要特別開教堂不太方便，但他願意接見洪業，聽他的言談再決定。洪業與貝主教談了一個半鐘頭，末了他對洪業說：「我的孩子，神與你同在，我將很高興為你施洗。」

幾個月後，洪業的母親也受洗，以後全家都受洗了。洪業回憶說：

母親也特別，要三弟——他字寫得特別好——在每人吃飯時坐的地方寫個條子：「每飯不忘祈禱。」這相當有意思。

洪業在學校放鬆警惕後，跟全班二十個同學熟悉起來。同學中最受人喜愛的是楊曦東，為人很厚道，寫得一手好字，像鄭孝胥的瘦金體。同學到他家去時發現他有一個男傭人一個女傭人專門伺候他。洪業在楊家第一次嘗到咖啡。陳芝美則是最出風頭的人物，他是個牧師的兒子，長得清秀，體育好，而且有個姊姊大家都認為是福州第一美人，風度瀟灑，有時候大夥早上上學時，就看到她也在山上走往泰茂女子中學，那時班上的小丑林立德就要講些不三不四令人啼笑皆非的話了。班上還有個陳元龍，中文根基也好，常與洪業競爭。洪業受洗時他就挖苦洪業有志將來做主教。可是後來當中國美以美會主教的是他，而不是洪業。

鶴齡英華書院的校長是約翰．高迪（John Gowdy，中文名高智）；校長夫人伊麗莎白．高迪（Elizabeth Gowdy）也當教師，夫婦兩人都是美國康涅狄格州衛斯連大學最高榮譽畢業生，都會講中國話，也講法國話，有時在學生跟前兩人講話不要給學生聽就用法語講。夫婦倆沒有孩子，把學生當自己的孩子。學校也有教法文的，選的人不多，多選德文，是一位美國小姐教，叫瑪利．彼玲（Mary Billing），她大學剛畢業，才二十歲出頭，教的學生也快二十歲。那時風氣未開，英華書院沒有女生，女老師也沒有幾個。因她對洪業好，班上的同學就取笑洪業說彼玲老師愛上他了。老師中教數學、教體操、教音樂的是中國人，多半是本校畢業留過洋的。也有一、兩個中國老師教英文，其中一個是王幹龢，如有外國傳教士來講道，他常做翻譯。

外國傳教士中學生最欽佩的是拉爾夫．沃德（Ralph Ward），不但中國話說得不錯，還會燒中國菜。有一次他請了學生到他家裡吃晚飯，飯後拿了張世界地圖出來鋪在地上，爬在上面指給學生看，告訴學生許多國家對中國都有陰謀，中國人得醒悟了。

校長高迪先生及夫人都活到高齡，退休以後住在佛羅里達州，不中用了就搬到一間養老院去。高迪先生在六〇年代中期去世時，洪業剛好在紐約，接到高迪夫人的電報說想請洪業替他治喪，洪業便馬上乘飛機去了。養老院的護士說這對老夫婦可愛極了，兩個人瞎了眼各坐在一張搖椅上，不時互相伸手拍拍對方的手背。

洪業皈依基督教後，便負責每星期天把主日信息翻成中文刊登出來。而且因為學生中只有他一個會講官話，有北方的牧師來傳道便由洪業口譯。一九一三年有四個在教會裡甚為傑出的人物到達福州，美以美會外派處祕書長梅森．諾斯（Mason North）博士，以及他的兒子埃里克．諾斯（Eric North）博士；還有美國聖經會的祕書長威廉．黑文（William Haven）博士，以及他的女兒格拉迪絲．黑文（Gladys Haven）。通常替外國人翻譯的王幹龢教授一下子應接不來，便叫洪業當小諾斯先生的翻譯員。小諾斯先生講演前有很充分的準備，總是事前約了洪業告訴他當天講演的內容為何。洪業到美國留學時曾選過這諾斯先生的課，他後來對洪業在燕京的事務也幫了不少忙。

一九一四年，學生要組織學生會，原先當局是不允許這種活動的。現在是民國了，居然許可了。有個頂聰明、頂會講話的人叫祁宣被推舉為會長，而洪業是副會長兼做文書，可是祁宣竟騙了錢跑了，洪業升級為會長。學生會辦了個展覽會，有吃的喝的，還賣些東西，請親戚朋友來，還賺了些錢，買了不少器材，最寶貴的是部油印機。

當年十一月，學生會接到一封由日本寄來的信，發自「東京中國留日同學會」，是油印的；上面寫著英華書院學生會啟，（那時中國別的學校大概也都紛紛辦學生會，準備在中國實施民主選舉制。）內容說據祕密報告，日本對中國有不良的侵略居心，預備對中國提出二十一條的要求，主要是中國每個重要機構裡須插一個日本顧問，以便於監視。還有山東省要劃出來，鐵路權歸日本管，而各學校得設日本功課，等於把中國變成日本的附庸國。最後說中國現在快完了，做學生的應該趕快起來抗議。英華學生會接到這封信後，開緊急會議馬上把原信抄下，油印很多份，分發到城裡，大家大哄大叫。那時候做督軍的姓李，就說這是學生胡鬧，哪有這樣的事？這是散布謠言，混淆視聽，把好幾個學生抓了去，洪業趕忙跑到城裡去，妹妹的夫家是大紳之一，先到那裡去磕頭，還找父親從前的朋友，把那些學生保出來，說被東京的同學騙了，以後不敢再幹這種事。第二年二月，日本的二十一個條件果然被公開揭露，中國在壓力下接受了大半的條件，替以後日本侵略中國鋪了路。

畢業期迫近，洪業得對終身事業做個抉擇。父親死了，一家靠著外祖，洪業是長子，應該負起責任來，維持母親的生活和三個弟弟的教育。當時有朋友在北京辦報，想請他去幫忙，他很想去，可是為了生活負擔不敢去，自己跑去投考海關，又投考了鹽政。那時海關是英國人管的，年年都招考事務員，洪業有個三表舅，姓趙的親戚，跟洪曦念過書，本來也想考科舉，後來在海關做事，介紹洪業去考，考上了。鹽政也考上了。不過聽說鹽政開始雖薪俸多幾塊錢，可是裡面人事複雜，不如海關穩當。

那年高迪夫婦回美國休假，有一天代理校長埃德溫．瓊斯（Edwin C. Jones）把洪業叫到他辦公室去，把抽屜打開，拿出一份電報給他看，電報發自美國聖路易市的漢福德．克勞福德（Hanford Crawford），說貴校畢業班有個叫洪業的學生，他是否有意來美國深造？本人將負責一切費用。代理校長對洪業說此人大概很富有，因他每年捐獻一千元給英華書院。

我不知道漢福德．克勞福德是誰，美國人喜歡用兩個法文字 Déjà vu 來形容一種狀況，譬如到了一個地方，明知道沒來過，但是又確實覺得曾到過此地；人好像在雲彩之上，好比我在山東考學校，怕考不進去，沒想到還考第一名。他給我看這份英文的東西，我就有 Déjà vu，這樣的事我幻想也不敢，但做夢又不是做夢。

洪業回家徵求母親的意見，母親聽了不表示意見。那時他們剛從外祖家搬出來，因此便叫他出去叫了個轎子，坐了轎子去見外祖。洪業帶著沉重的心情在轎子後面跟著走，母親先進去跟外祖講，大概告訴洪業去美國的事，全家又要靠外祖負擔了，那是相當嚴重的事。外祖卻對洪業說：「這事情應感謝你們祖先的陰德，你父親做清官，這是古人說有好報應。你將來出國深造有益，好好地去，關於你母親和弟弟，我還可以幫忙。」

洪業當然很感激，在地上磕了個頭給外祖道謝，可是外祖又說：「你回去對這位瓊斯先生說，請他打個電報回答，我們這方面受他的恩惠，是不是有條件的？」

第二天美國就有回電了，說毫無條件，只要他做好孩子，洪業的外祖才放了心。接著又有錢匯來給洪業準備行裝、製西服、買皮箱；洪業不知到美國哪一間大學去好，貝賜福主教來福州辦事時，他就請教貝主教。貝主教提議兩所學校；他自己的母校威斯康辛州立大學與他曾任校長的俄亥俄州衛斯理大學。他說洪業可在後處把大學本科修完再往前處上研究院。洪業就打算照著做。貝主教才告訴洪業說克勞福德是俄亥俄衛斯理大學的董事，他聽見洪業要去該校一定會很高興。

洪業這個家境貧寒的學生居然有人資助他出洋，那還了得？震動了整個學校。於是同班的同學回去就跟父母親戚鬧，有的賣房子典家產也要送兒子出洋，結果二十人中有七個出了洋，其中有三個跟著洪業申請俄亥俄州衛斯理，後來都得了博士，洪業反倒沒有。

洪業一九一五年二月就畢業了，美國那邊九月才開學，他便暫時留校教聖經。星期天他跟著福音隊坐船到閩江上流的村鎮傳道。他這時期第一次有機會與三弟紳及五弟紱親近。五弟紱才九歲，又長得嬌小，喜歡爬到大哥膝上。有一次布道會講臺上請得救的人舉手，他就爬到桌子上舉手，人人都疼愛他。三弟紳比洪業小六歲，在學校有一次聚會洪業也在場，同學們請洪紳講笑話，他就講了一個愛吹噓的書生故事，大家聽了哄堂大笑。洪業沒想到這平日沉默的弟弟有此一招，在公眾前那麼鎮定而詼諧。於是開始跟他談歷史、文學，替他改作文，嘗試把自己從父親那兒得來的一些做學問的方法傳給三弟。四弟綬是個比較注重外表的人，一向與大哥保持一段距離。

一九一五年春，洪業的母親正到處替洪業找媳婦，想在洪業出國前辦完婚事，怕他娶了個外國太太回來。但她突然染上了鼠疫，發高燒，很艱難地斷氣了，享年四十一。

那年夏天，洪業接到曲阜士紳來信，他們聽炎哥說洪青天的大公子畢業了，在學校很有表現，現在曲阜要舉行公舉，請他回來競選縣長。洪業很受感動，回信說他正準備出洋，到外國去多讀幾年書再回來報答國家。

第六章　俄亥俄衛斯理大學

洪業一九一五年秋乘了一艘加拿大註冊而名為「滿洲女皇」的汽輪橫渡太平洋。汽輪停泊在日本橫濱時，他搭火車到東京去訪東京中國同學會，按地址找到中國青年會，看到的是一屋子摔破的家具，有人告訴他革命分子曾分成幾派互鬥。他打聽到負責寄信到福州英華書院反抗日本二十一條的人叫李大釗，此人已回中國去了。這是洪業第一次聽到李大釗這個名字，李後來成為中國共產黨最初的倡導人之一，毛澤東在思想上是受他影響的。

在美國舊金山上岸，有幾分惶恐的他，被克勞福德的西岸代理人送上火車直達中部的聖路易市。火車在人跡尚稀少的美國西部奔馳了數天才到達聖路易市。洪業和他的恩人相見，馬上記起這大鬍子是誰——對了，在英華書院歷史課上見過他。漢福德·克勞福德是聖路易市最大的百貨商店的老闆，他是當地有名的士紳，也是美以美聖公教會突出的教徒。一九一二年他女兒從瓦沙女子大學畢業，他帶了妻女作環球旅行，到中國時去了一趟福州鶴齡英華書院，因他歷年來都捐獻一千美元給該校。到了洪業上的歷史課，正值老師問拿破崙慘敗的原因，洪業應對裕如，讓他印象深刻。克勞福德事後與校長交談，校長告訴他洪業是英華書院開辦以來最具天賦的學生，教師們都認為他應到外國深造，但他家貧，不可能辦得到，克勞福德慨然應允資助洪業到美國受教育。

洪業第一次乘了汽車後，又第一次乘電梯，他們一進客廳，洪業嚇了一跳，所有的家具都蒙著白布。

「府上最近是不是有喪？」

克勞福德聽這問題起初莫名其妙，接著才覺悟素布在中國是喪事才用的。他向洪業解釋說他的太太及女兒帶了傭人在美國東北麻薩諸塞州（以下簡稱「麻州」）海邊避暑，家具少用，為怕塵埃，蓋上白布。因為沒人準備晚餐，他要帶洪業到他的俱樂部去用膳，飯後可一起看部卓別林的電影。

洪業到俄亥俄州衛斯理大學插入第三年級，主修化學及數學兩科。此大學在一九一〇年代是一所稍帶鄉土氣的小學校，卻得貝賜福主教的遺風，因他從一八八九年到一九〇四年當該校校長時曾說：「我深信宇宙是耐火的，我們可以在任何角落點起洋火來尋探真理。」教師們多半都是寬宏大量的人，可是紀律還是相當嚴明，每日得上禮堂，而且不准吸煙、不准喝酒、不准跳舞。

洪業把滿腔熱情投入學校課內外各種活動中。他在大學這兩年做什麼都興致勃勃的，他覺得生活毫無拘束，毫無抑制，而人生無限無涯，足以令人陶醉。他發現美國社會有很多可愛可敬的地方，有個新加坡來的中國學生黃國安教會了他打網球，同學都叫他「快樂洪」。

他最欽佩的是個教聖經、綽號為「聖約翰」的老師。這老師家裡闊綽，到德國留過學。當「聖約翰」在禮堂祈禱時，他給人的印象是在與上帝娓娓而談。他捐獻給學校的錢遠多於學校給他的薪水。他知道學生缺錢用時，常常悄悄地把鈔票塞到學生口袋裡，如果學生不知趣向他道謝，他便把錢要回來。

另有個姓米勒，教希臘文的老師，是全校羨慕的對象，因他擁有鎮上僅有的一輛汽車。他在洪業課上用希臘文《四福音》做教材。習慣上叫學生分別站起來念一段後翻譯成英文，但他開學後一直都沒叫班上唯一的中國學生。到他終於叫洪業時，洪業站起來把那段希臘文朗聲背出來，米勒從此就不再叫洪業翻譯了。可是到他們念到《約翰福音》第二章第三、第四節時，米勒教授問洪業耶穌為什麼稱呼他母親「婦人」，像叫傭人一樣？洪業此時很困窘，因數年前他曾用這一段聖經責難在英華書院的老師，說耶穌不孝。於是洪業閉目祈求答案，答案有了，他說：「聖經沒有說耶穌回答他母親時的神態，我想耶穌是在逗他母親笑，他說話時眨眼向他母親示意，這酒一喝完後，另有供應。」他班上的同學聽到這解釋，都鼓掌大笑。

洪業上心理學才第一次聽說人有所謂「潛意識」。洪業一生都對人心的神祕深奧感興趣。他的祖母說她有第六感，雖然正統儒家是不語怪力亂神的，但中國自古以來對夢相當注重，他相信在人類的經驗裡有一底層是不可以用理智瞭解的。

克勞福德雖然在洪業的銀行戶頭裡存著一千美元給洪業隨時取用，洪業卻大半用不著它，他一到大學裡，就悉知自己獲得學費獎學金，大概是貝賜福主教安排的。他還找到了幾份工作，因為他發現差不多所有的同學都在課餘工作賺錢付學費、生活費，自己不願例外，於是便到校園青年會找事做。那青年會幹事亦替洪業找到了個離校園步行五分鐘的地方住。得到的第一份散工，是洗刷體育館的地板，每鐘點十七分錢。工作很吃力，他最厭惡在地板上剔除人家隨口吐出的口香糖膠。青年會的幹事提議他買件工裝褲來幹這類粗活。洪業不知工裝褲為何物，他買了用完後來還小心折好帶回國給人看。當時在中國，大學生做粗工是件怪事，因為中國人一向以為勞心的人和勞力的人有天壤之別。

此後，洪業又在校友辦公室折信件，塞進信封，貼郵票，每鐘點二十二分錢。校友辦公室裡雇了好幾個人辦這種事，因為每天都有好多信要寄往各地聯絡校友。洪業設立了一個分批做的制度，提高了工作效率好幾成。他的上司是雷蒙德．索思伯格（Raymond Thornburg），是個剛畢業的新校友，別號是「紅毛公」，因他長了紅頭髮。他留洪業長期在校友辦公室做事，兩人成了莫逆之交，友誼長達六十多年。

紅毛公個子矮壯，滿臉和氣，但頭腦卻非常精明，後來成為企業家。他早年父母離了婚，由母親靠替人家洗衣服做縫補養大。他說他做學生時也做樁小生意，成本就是一把熨斗，一臺熨板，因為那時大學生都以西裝褲管前後筆挺的折痕為傲，市面洗衣館燙西裝褲要兩毛五，紅毛公標價只兩毛，而且管收送，所以生意興隆。

得到紅毛公的啟發，洪業也做了一門生意，教小孩數學。一天晚上，他被邀在一個長老會牧師家裡吃飯，這牧師的兒子數學不及格，洪業自告奮勇查看小孩問題在哪裡，原來小孩把數學教科書硬生生背了下來，洪業便有系統地幫他一步步做練習，小孩成績果然突飛猛進，他的父母堅持要付錢給洪業，每鐘點兩毛五。不久，小強尼學校裡盛傳著有個「奇異的中國佬」會教數學。洪業招來十多個學生，買了塊黑板，算是開了夜校，他存了一些錢寄回福州資助弟弟們的教育費。

後來他的化學老師推薦他替學校附近一家療養院分析泌尿，每管尿五分錢，洪業一早便在實驗室做這工作，一個鐘點可做四、五份，他覺得自己很富有了。

一九一六年暑假裡，洪業與大學裡幾個朋友集資在紐約市買了部老爺車要學開車，他們先在青年會駕駛學校上了一個月的課，早上學汽車歷史、構造、零件等，下午才學駕駛。教師是位紐約市計程車司機，他多次都給洪業不及格，說他雖然有機智，但開車總是心不在焉。於是他們一夥人開老爺車到紐約北部的山區玩時，洪業只有修車的份。他一直都沒學好開車，但對車件的功能倒很清楚。

那年夏天，洪業與其他在美國的中國留學生也聯絡上了。那一代的中國留學生躊躇滿志，對自己將來在中國的地位非常有信心。他在一個國際青年會舉辦的夏令營中結交了好幾個中國基督徒，他們認為中國急需的是基督教。其中兩位，劉廷芳和全紹文，事後到中部來找洪業。他們三位，還有教洪業打網球的黃國安，後來都與燕京大學有密切的關係。

有個夏季，洪業到克勞福德在麻州海濱的別墅，途經劍橋，順便到哈佛去一瞻留學生中的英雄豪傑。在哈佛校園中看到一個中國人在維德宿舍前大聲朗誦中國詩詞，旁若無人。再過一會兒，他激動地站起來，在樹下踱著方步，後面拖著在初秋風中晃著的襯衫衣角。洪業覺得這人真是怪模怪樣，失聲地笑了起來。他的朋友陳宏振把他拉到一邊告訴他說，這是大家最欽佩的人。他留洋多年，精通多國語言，但不要學位，他就是後來很有名的歷史學家陳寅恪。

暑假裡洪業與克勞福德一家人熟了，情感倍增，他覺得住克家就像自己家一樣。克勞福德先生沒經商之前是準備要教書的，他在歐洲留學三年，在德國萊比錫市與他後來的妻子相遇，克夫人來自美國麻州一個熱心教會、熱心公益的家庭，克小姐璐得（Ruth）則是位端莊優美，眼光遠大的女士。克小姐深信全人類為一體，任何種族國籍的人在她眼光中都同等，她比洪業只大三歲，而洪業後來稱她為「我的美國姊姊」，替她取了個中國名字「如詩」。

洪業在俄亥俄州衛斯理大學第二年時，埃里克．諾斯，就是聖經會代表去福州時洪業當他翻譯員的那位小諾斯先生，也來該校教書，開了一門基督教歷史的課。他教學嚴謹，準備充分，每堂課前一定把自己的思路弄清楚才上講臺。洪業在他的指導下，發現歷史與化學有許多相似之處。化學是研究物質間的反應，而歷史則研究人與社會制度間的微妙關係，洪業覺得二者都甚具吸引力，他考慮在研究院研究歷史。

可是他覺得將他所體驗的基督教帶回中國去也是個很重要的任務，他在大學時參加了個福音隊，到俄亥俄各農村小鎮去播道；踏著貝賜福主教的腳蹤傳福音，建立教會大業，也是很值得嚮往的。

當洪業正在猶豫不決時，在紐約協合神學院念書的劉廷芳就勸洪業到紐約，一方面可在哥倫比亞大學攻讀歷史，一方面可在附屬哥大的協合神學院準備做牧師。

一九一七年，洪業大學畢業時，克勞福德夫人來觀禮。洪業成績優良，得最高榮譽外，還得五百美元獎學金，以供他上研究院之用，他聽了劉廷芳的話，上紐約去了。

第七章 友誼與愛情

中國也許再也不會出現一群這麼自信、有抱負、充滿著愛國熱忱的青年。一九一〇年代在美國為數兩千左右的中國留學生，都以改造中國為己任。祖國的政治社會制度瀕臨瓦解，當時軍閥橫行，但在他們的眼中這都是暫時的障礙，他們堅信不疑將來的中國將向西方的科學、民主看齊，而當時絕大多數的西方人也深信科學民主可解決人類一切難題。誰比這群中國的精英分子更能領導中國走向這光明的前景？他們飽受中國傳統的教育，兼收了西方最新的知識，沒有人比他們更有資格了！到了二〇年代，共產主義形成了一股相對的力量，年輕知識分子的這種信念便開始動搖。但在一九一七年，中國在美留學生間的情緒是非常高昂的。

洪業念完大學而未上研究院的那個暑假裡，參加了一個中國學生聯盟的夏令營，幾百個中國學生從美國各處匯集而來。安排了不少活動，包括舞會等節目，但主要的是政治活動。那些自命有將才的人士，忙於「招兵買馬」，大家討論最熱烈的話題是所謂的「白話文文學」，幾個月之前還是他們一分子的胡適，曾在留學生刊物上鼓吹白話文文學，回國後到處受到老學究的大肆攻擊。

大家討論的問題不限於學術，洪業這一代的新式學人，也有打算回國辦企業、搞金融的。洪業碰上一個人，胸前掛著一把像是Phi Beta Kappa（美國大學優等生之榮譽學會）的鑰匙，而且是特大號的。洪業仔細一看，原來上面寫的是Kappa Beta Phi。那人在洪業背上重重地拍了一下，笑道：「好傢伙，這與Phi Beta Kappa完全相反。你們分數最好，我們分數最差；你們專心做學問，我們專心賺錢；將來你們辦學校蓋圖書館就得靠我們賺的錢才成！」

無論他們計畫做什麼，這群青年自信中國將來屬於他們無疑。他們一點也沒想到，其後與他們日夜爭衡對抗的，主要不是頑固不化、垂垂欲墜的老學究，而是比他們雄心更大的馬克思、列寧信徒；而這些受美國教育的民主自由倡導者，最後終究慘敗於共產黨員手中。

洪業在紐約所交往的一群中國基督徒由劉廷芳領頭。劉君身材短小，不到五英尺高，而且鼻喉有問題，不時擤鼻子、咳嗽；但他談吐風趣，很具魅力，而且善於演說。他理想中的中國，是個被基督轉化了的中國。他遇上洪業感覺得到了知音，劉、洪所跟從的這一支基督教派，有時被指為「社區福音」。耶穌在《馬可福音》十章二十一節說：「去變賣你所有的財產，把錢捐給窮人，來跟從我。」他們覺得基督教徒原則上理當如此，因此極推崇協合神學院的基督教倫理學教授哈利．活德（Harry Ward）。活德被人告發為共產黨員時，反駁說：「我不是共產黨員，我比共產黨員更糟，我是個基督徒。」

當時中國留學生中有幾個兄弟會，自視最高的一個叫Flip-Flap，成員包括顧維鈞、宋子文等。劉廷芳與洪業等人決定要有自己的兄弟會，組員是學業成績好的虔誠基督徒，口號是：「聯合起來振興中國。」創始人包括以後在上海辦教育很有名的陳鶴琴，後來當上海青年會祕書長的涂羽卿，他們在一九一七年六月二十四日祕密宣誓成立「十字架與寶劍」會。

洪業回憶說：「當年我們年輕得很，要效法耶穌，以教育與政治來轉化社會。十字架，由耶穌『背起十字架來跟從我』那句話而來；寶劍，則指中世紀的十字軍。我們採用了一些歐美共濟會的儀式，意識裡要恢復《三國志》裡桃園三結義的道義精神。我們誓守祕密，我甚至為此做了平生唯一的一次偷竊。」

事情是這樣的：一九一八年秋，劉廷芳為避免協合神學院猶太文口試轉學到耶魯大學。兄弟會的事宜便輪到洪業接手。有一天他得消息說創始人之一，在普林斯頓大學念書姓鄧的同學肺炎發作死了。洪業知道此人有寫日記的習慣，便馬上放下一切，乘火車到普林斯頓去，告訴學校當局他是個神學院學生，是鄧家世交，於是得到允許進入死者的宿舍臥室裡，發現鄧君日記上果然對兄弟會有很詳細的敘述，洪業便把日記本撕破，扔到壁爐裡焚毀。

可是兄弟會裡不久就發生了爭執。選舉會長時劉廷芳以一票取勝，落選者氣憤地離場。當祕書的洪業卻發現投劉廷芳的票中有一張明明是劉自己的字跡。中國人的規矩是不投自己票的。洪業自此對劉廷芳便有所戒備，他後悔為鄧君的日記小題大作了一番。

然而這兄弟會還是繼續吸引了很多新會員，包括後來出使蘇俄、聯合國、美國的蔣廷黻；後來創辦南開大學並當了幾十年校長的張伯苓；曾任清華大學校長的周詒春；曾國藩的外孫、上海大華紡織公司的創辦人聶其傑。

一九一八年，王正廷在美國為在廣州成立、與北洋軍閥對立的國民政府爭取美國政府的承認而四處奔走。王君的父親是美以美會牧師。他本身在基督教青年會很活躍，一九一一年清政府被推翻、中華民國基本組織法成立時，他是署名者之一，曾多次任國會的副會長。王君亦受邀成為「十字架與寶劍」的會員。他後來被委派去參加巴黎和會；巴黎和會散後，與他一起取道美國回國的新聞家陳友仁，後來當過外交部長的，也被邀入「十字架與寶劍」。

一九一八年有一次在紐約開會時，王正廷披露了件令大家訝異的事情。原來早些時候在美國留學的中國人中，另有個祕密兄弟會也以「聯合起來振興中國」為口號。該兄弟會在一九〇七年成立，以「大衛與約拿單」為名（大衛與約拿單是基督教聖經內共赴生死的兩個朋友），會員中有不少是中國政壇的顯赫人士，包括法律外交界的王寵惠、教育界的郭秉文、金融界的孔祥熙。劉廷芳提議讓兩個兄弟會合併，並指出合併的話，「大衛與約拿單」的會員可提攜「十字架與寶劍」年輕的一輩。洪業極力反對，也正是為這個原因，他深覺兄弟會不應成為趨炎附勢、攀登仕祿的途徑，這是洪業第一次公開反對劉廷芳。但選舉結果劉廷芳得多票，兩個兄弟會便合併為「成志社」。成志社後來在北京、上海、香港都有分社，但逐漸退化成散漫的、不關痛癢的學術界人士的組織，別號「博士社」。

洪業廣結新交外，還常與福州鶴齡英華書院的老同學保持聯絡。他在協合神學院宿舍裡獨占了一個別人都不要的套房，因為樓下便是供應全樓暖氣的火爐，火爐日夜鏗鏘震顫；而窗外即是地鐵站出口，地鐵過時轟鳴如雷。洪業偏對這些吵聲毫不介意，置若罔聞，卻貪圖套房寬大，可容納他的朋友在紐約過宿。

楊曦東也到哥倫比亞大學來了，他告訴洪業他與陳芝美的姊姊祕密訂了婚，她在加拿大念書，不幸患了肺病。不久楊曦東也傳染了肺病被迫退學。一時銀根緊，向洪業借八十美元，要把皮外衣抵押給洪業，洪業也沒有那麼多錢，和克勞福德夫人商議，後者把錢匯來了。不久楊曦東竟死了，洪業鄭重地把皮外衣帶給克勞福德夫人說該物屬她了。克勞福德夫人說：「這要它做什麼？不知道帶了多少病菌呢！」馬上把它扔入焚物爐裡，一時臭氣熏鼻。

陳芝美也來了美國，在麻州西部的基督教青年會大學讀書。他來紐約看洪業時，見了洪業的網球拍便大喊：「你也打網球啊？像你這樣腐敗的人也打網球，中國真有救藥了。」那時候時興把引用孔子話的人一概叫「腐敗」。洪業向陳芝美挑戰，打一場網球，結果贏了他。

洪業畢業於俄亥俄州衛斯理大學時，恰好紅毛公也離開該校校友室，到一個活動於金融界的校友手下工作。有一次紅毛公乘火車自芝加哥到紐約去看洪業，與旁座一位商人交談，那人正趕著到佛羅里達州協商一樁甚為複雜的交易，很欣賞紅毛公的談吐，就請紅毛公一起去佛羅里達，好有個人商量商量，一切費用由他負責，如果交易成功，利潤還可分紅毛公一份。紅毛公欣然同意跟他去了，在很有排場的旅館住了幾天，分得市值兩萬五千元的股票。紅毛公回紐約見洪業，興奮極了。兩個朋友深夜促膝長談，這筆飛來橫財怎樣處理才好呢？紅毛公說他不想再替人做事，要自己做老闆。洪業提醒他不能這樣說，因為上帝永遠是他的老闆。紅毛公說對，洪業以後當牧師，什麼時候需要錢的話，他一定全力供應；洪業建議他辦出版社，專門發表少為人知而有價值的著作。紅毛公斷然說這一行風險太大了，不能做。最後紅毛公說他回芝加哥和他上司商量後慢慢決定。紅毛公再來紐約時，告訴洪業他買了一家已經宣布破產的早餐穀食公司，到紐約來要向各旅館、餐館兜生意，還叫洪業嘗他的穀食樣品。

洪業在哥倫比亞大學第一次嘗試美國式的「約會」。（在俄亥俄衛斯理大學畢業班野餐帶了一個朋友的妹妹去，不能算數。）那時連續放映兩場電影的電影院一人才收一毛錢。他約會的對象有兩個，一個是林小姐，長得瘦瘦的，風流瀟灑；另一個是宋小姐，胖胖的，熱情坦率，實事求是。兩位女士都是福建人，後者告訴洪業說她父親是牧師，所以很明瞭傳道生活清苦，她從獎學金及校外工作的薪水中抽存了不少錢，可作為他們共同生活的基礎。洪業聽了很受感動，卻說他們還談不上這個問題。不久，宋小姐突然間對他很冷漠，他摸不著頭腦，事情過了很久後才明白什麼原因：原來宋小姐說她寫碩士論文需要找人替她打字，因為洪業打字打得好，而且有打字機，她問洪業能不能幫她打，洪業因這件事要花很多時間，有點不願意，但回信說可以，怎知道他信放在襯衫口袋裡預備付郵，卻忘了寄去，後來偶然發現信還在口袋裡，已經是事過境遷了。

這時中國留學生剛從家長說親的傳統裡踏足出來，對歐美式的求偶方式頗感迷惘，對異性總是覺得不是說得太多了就是說得太少；不是怕自己太妄動，就是怕對方摸不清；用鴛鴦蝴蝶式的陳腔則肉麻不堪，翻譯過來的西式濫調聽來簡直滑稽，於是進退維谷，懊惱得很；尤其當年留學生中女學生少，造成粥少和尚多的現象。大家都想找個志趣相投的配偶，可苦於不知從何下手。洪業在校際青年會很活躍，有土地爺之稱，很多人遇到難題就找他幫忙，拜託他拉紅線的也不少。有個念博士的黃君告訴洪業他非常傾慕一位叫江安真的女士，黃君想安排一個四個人的晚餐，席上有洪、黃、江，還有江的一位舊同學。黃君說江安真對洪業的印象很好，每次會議上洪業說話，江安真一定贊成，可見她很信任洪業。吃過晚飯後，能不能請洪業告訴她黃君要向她求婚。洪業自己在會議上也注意過江安真這個人，而且在用英文發表的基督教刊物《留美青年》上看過她的文章。她在夏威夷長大，畢業於麻州的維頓女子大學，在哥大研究院進修教育。她態度大方，很會說話，而且別的女同學生病，她就去照顧，大家對她印象都很好。吃過飯後，黃君與另一位女士先走了。洪業就告訴江安真說：「我有使命在身。」江安真就說不必講，她已知道了，她說黃君讀書雖好，可是常識太差，打電話給她約吃晚飯，她說不行，就約吃中飯，說也不行，他就約吃早飯。江安真說：「我實在告訴你，我心目中另有人，你告訴他不要白花工夫。」洪業就問她心目中的人是誰？她說：「我暫時不想告訴你。」

後來洪業與江安真熟了，有次問她：「你心目中什麼人，現在可以告訴我了吧？」她說：「我現在可以告訴你，就是你老兄。」

六十多年後，洪業講到他與江安真的婚事時，一向率直坦白的他反而含蓄起來，輕描淡寫地便抹過去了。他僅提到他患上西班牙流行感冒，差點送了命，江安真來看護他。他們一九一九年結婚，並在紐約行了婚禮。然而洪業逝世後，我們在他遺下的文件中，發現他們行了兩次婚禮。有一張結婚證書是維吉尼亞州一個長老會牧師署名的，日期是一九一九年三月五日。另有一張很精緻的寄往親友的卡片，宣布他們在一九二一年一月廿二日在紐約成婚。洪家大女兒與二女兒的出生日期為一九一九年七月十二日與一九二一年七月五日。這些文件提供的資料，顯示他們的長女，英文以洪業的「美國姊姊」璐得為名的靄蓮，在他們維吉尼亞州婚禮後四個月出生；英文以克勞福德夫人歌特魯德（Gertrude）為名的靄梅，則在紐約宣布結婚五個多月後出生。

用今天的眼光看，這沒有什麼了不起，尤其是當事人事後建立了一個正常家庭，更無可微言。但在當年，這一連串的事情，很可能在他們兩人的生活上形成一種陰影，產生了或多或少的罪惡感、憂慮及羞恥。洪業與江安真對這件事如何處置的詳細情景，我們不清楚，但江安真對母校維頓女子大學報告生活近況時，指靄蓮是洪家收養的一個孤兒。

第八章　轉捩點

洪業決定不做牧師，與他的婚事也許很有關係；很多年之後，他寫了一部小說，小說中的男主人公為了一個女人而離開神職，後半生效勞於國家。然而，洪業在一九七八年回憶到他生平這一段時，強調的是他理智上的覺醒，與對教會的幻滅。

洪業一九一八年發表了一篇長文，題為〈失敗者〉，刊登在《留美青年》上，他討論三個生平被人認為「失敗者」的歷史人物：中國的孔丘，是個私生子，一生鬱鬱不樂，被人罵為「喪家狗」；希臘的蘇格拉底，被人誣告腐化學生，被迫服毒而死；猶太國的耶穌，與犯人一起被釘十字架。他們生前受盡非議，死後卻影響長遠。洪業生長在孔子思想所塑造出的社會裡，剛踏入西方社會，深受蘇格拉底與耶穌的影響；〈失敗者〉一文，可說是洪業早年融匯中西思想的一種嘗試。他以後寫了不少向西洋人解釋中國人觀點，向中國人解釋西洋人觀點，及探討基督教在現代社會所應擔負的角色的文章。

我們可以進一步大膽地推測，這一篇文章也許對洪業本人另有重大的意義，即是他決意放棄追求個人名利的一個轉捩點。洪業對個人野心一向抱著矛盾的心理；那時候中國百廢待舉，生在那時代有最起碼抱負的青年，都覺得有投身社會，為國服務的責任。但憑著一股熱情去幹時，公眾利益和個人野心兩者之間的界線往往是很模糊的。洪業雖從小就不斷地被挑選出來做「領袖」，經淘汰過程而成為「勝利者」，但他因受儒家傳統思想熏染而深感野心與操守是對立的。覺得顯露鋒芒、操縱權勢，是很冒險的舉動，甚至有點不道德，最後不但會危害別人，也會危害自己。他一生中好幾次有機會可青雲直上，大有作為，但每次都本能地往後退。在他那部未經發表的小說裡，離開神職為中國效勞的主人公，僅在後臺服務，不為大眾所知。

洪業在研究院最感興趣的科目是教會歷史。洪業要知道基督教會本質為何。基督教從中東蔓延到歐洲、美洲十數世紀，添上很多原來沒有的形式與內容；現在難辨何者為肌骨，何者為飾物。若要教會在中國生根，這類問題必須弄明白。

洪業在研究院裡受三位教授的影響最大：哥大的威廉・羅克韋爾（William Rockwell）與詹姆斯・哈維・魯賓遜（James Harvey Robinson）；還有協合神學院的阿瑟・庫什曼・麥吉弗特（Arthur Cushman McGiffert）。洪業說羅克韋爾替他在歷史研究方法上建立了良好的基礎。

聽羅氏講課乾燥無味，他腦子裡擠滿了歷史裡的人名、地名、日期，組織得像個電話簿那麼單調而有系統；他堅持他的學生把所有參考資料分為第一手的和第二手的，每一份資料都要確定來源與日期才能加以利用，而且每一條都得有注腳。他也要學生把事實及價值分得一清二楚。事實的範圍包括誰、何時、哪裡、（做）什麼、怎樣（做）。價值的判斷包括好壞、好壞的程度、利弊所在、為什麼。價值判斷雖因人而異，但歷史家把事實篩濾過後，加以價值判斷是不可躲避的責任。歷史家得承認自己是主觀的，但卻又要盡量持客觀的態度。歷史家必須以嚴謹的態度、使用正確的方法研究歷史，才能對人類知識的累積有點貢獻，洪業回顧他當年思想的醞釀，有這樣的敘述：

他令我想到一個人價值觀的形成，可以說是很偶然碰巧的；然而人之所以異於禽獸，也僅是因人有價值觀。我記得小時候中國沒有抽水馬桶，糞便拉在大桶裡，大桶挪開下面總是有一大堆蠕動著的白蟲，那也是性命。那種性命何異於我的性命、我父母親的性命呢？我想最基本的差異是我們有價值觀。那些白蟲會不會思想，我們不知道，但是如果那些白蟲能夠提出問題，有能力把事情在高低不同的價值間編排地位，又能夠把蟲本身在不同的價值間也編排一個地位——如果蟲有這種能力的話，蟲才能與人類相提並論。人怎樣達到一種價值觀呢？他先是反思自己在萬物中的地位，他自己有何需要？有何能力？有何使命？與別人的關係如何？接著，他把對自身所知的引申到旁人，嘗試明瞭別人的動機與價值觀，人能夠集體生活便憑著這

「人同此心，心同此理」之感。接著，人又探討神明的存在。人有時候把神想像成自己父親，有時候把神想像成耐苦無怨的僕人，承負了人類的重擔；正如法國哲學家伏爾泰說：「就算沒有上帝，為了人類的好處，也得憑空捏造一個。」

魯賓遜教授則改變了洪業對歷史的觀點。魯氏寫了大量的教科書，以研究西歐思想史著名。他是所謂「新歷史」的有力倡導人之一，他認為以前寫歷史太注重政府與戰事了，現在應跳出這個框框來，討論經濟、社會、文化的趨勢，以及制度、風俗與政策。換句話說，歷史的內容應該是敘述人民如何生活、如何思考，以及生活的典範如何逐漸轉移。他主張歷史家的視野應該超越地理政治界線，而以全人類的進展為背景。

洪業寫碩士論文，魯賓遜是他的指導教授。論文題目是：〈《春秋》、《左傳》與其對中國史學思想的影響〉。《春秋》相傳是孔夫子作的，是五經之一，洪業從小誦讀。可是洪業在哥大圖書館發現兩本書，讓自以為讀了不少中國書的他自慚形穢。第一本是《四庫全書總目》，即十八世紀乾隆皇帝時朝廷收集了三千四百四十八種書，所謂《四庫全書》的總目錄，不但列了書名、作者還對書的來源、內容作簡單的介紹與評注。哥大圖書館並沒有《四庫全書》，但此《總目》就多至兩百餘冊。洪業翻了《總目》，才知道他不但對很多關於《春秋》的著作聞所未聞，而且這些著作對《春秋》的看法分歧很大。第二本書是《資治通鑑》，一本由戰國時代到西元十世紀的中國通史。洪業以前只看過比較通行的《資治通鑑綱目》，是十二世紀宋朝學人朱熹主持編的，洪業發現《綱目》與《資治通鑑》本身很有出入，原來他半生來所受的歷史教育那麼狹隘而片面！

在學術的境界裡，我完全沒資格做專家，既未登堂，更談不上入室。我像個井底之蛙，突然間從牠的小世界裡被趕出來，面對浩瀚大洋，只能感嘆不已。

然而，對洪業放棄神職影響最大的卻不是常嘲笑基督教的魯賓遜教授，反而是在協合神學院執教的麥吉弗特。麥氏一直是名長老會牧師，他是德國著名歷史家阿道夫．馮．哈納克（Adolf von Harnack）的高足。麥氏把基督教信仰放在解剖臺上，以冷靜超然的態度、用鋒利理智的解剖刀，慢條斯理地分析。洪業記得麥氏的一個大前提是任何一個人的思想都是複雜矛盾的，不能求一致。要瞭解一個人，我們自然想知道他有什麼基本的理想，主張什麼，反對什麼。可是在我們剖析他言語底下的思想時，會發現他把自己所反對的很多因素吸納到自己的思維系統裡。我們還會發現他最堅強之點，也是他最脆弱之點，因為凡人都避免不了伸延過度。麥氏在課上分析基督教會的歷史，指出教會與歐美世俗社會怎樣互受影響，以致後來難捨難分。洪業一直以為基督教的教會信條是基督徒為表明共同信仰，以留傳世代子孫而規立的；麥氏卻說教會信條規立的用意，原本是為排斥異己。他把教會信條不留情面地一條條分別追索到對某一異端的鎮壓。教會歷史一經這樣詮釋後，教會便有點可憎可怕。洪業對基督教基本信仰雖忠心不渝，但成為牧師這念頭便逐漸轉移了。

當洪業正在紐約徘徊於學術與宗教問題的時候，地球另一邊的政治局勢不斷地變動，最後衝擊到遙遠的他。洪業一九一五年離開中國後，中國幼嫩的共和國禁不起摧殘，恢復短短六個月的帝制，又分裂瓦解；政權大多掌握在各擁軍隊的軍閥手中，北京所謂的中央政府雖徒具形式，但對外仍代表中國人民，而在一九一七年加入第一次世界大戰協約國一邊。一九一八年德國戰敗，中國人民歡呼雀躍，以為一八九八年被德國人攫取的山東半島可得歸還了。可是一九一九年的巴黎和會揭露英、法、義三國曾與日本祕密協議，支持日本承繼德國在中國的權益。同時揭露：某些中國軍閥曾祕密跟日本貸款，把山東的鐵路抵押給日本。美國威爾遜總統為要迅速完成《凡爾賽和約》，進一步討論他提倡的國際聯盟，不多加思索便對這些祕密條約表示贊同。中國人知道了非常氣憤。一九一九年五月四日，學生為反帝國主義、反漢奸到街上示威遊行，廣受新知識分子和商人的支持。這所謂的「五四事件」發展成「五四運動」，牽動了中國文化、社會、政治及經濟的大轉變。在紐約的中國學生對巴黎和會的協議情形自然也很憤怒。和會中國代表取道美洲回國，經過紐約時引起很大的反響，大家都覺得有向美國人遊說的責任，要設法讓美國國會把和約駁回，並主張美國不加入國際聯盟。

從一九一九年到威爾遜總統一九二〇年十一月落選之間，我至少演說過一百次：扶輪社（Rotary Clubs）、同濟會（Kiwanis Clubs）、縫紉婦女會（ladies sewing circles），什麼地方有人肯聽，我就去講。我有篇演說好像很有效，因此常用。我先告訴聽眾我很欽佩威爾遜總統，他是個學者，是歷史上罕見的學者兼政治家。但是他應該遵守自己的原則才對。他提出的十四點中有一個原則是人民自決。那山東半島上的中國人應該有權決定自己的政府，不應該把他們的命運交到日本人手中。威爾遜另一個原則是公開外交。我告訴聽眾，日本與英國、日本與法國、日本與義大利，分別祕密立約，然後聯合起來欺蒙威爾遜總統，他們等到他累了以後與他討價還價，他便背叛了自己的原則。我說：「失之毫釐，差之千里。」現在美國國會得決定要不要認可和約，要不要加入國際聯盟；我本身在美國做客，照理說不應參與意見，但在座諸位知道我的觀點：我若是美國人的話，絕對也會這樣去想。

我用一個小故事結束我的講詞：有個很可愛的主日學校（Sunday school）女教師，要班上每個學生都做個好基督徒，死了都上天堂。為了向學生形容天堂多好，她說天堂沒有人打架，沒有毒蛇，只有好東西。她講完學生都聽呆了。她就問：「孩子們，你們誰要上天堂，請舉起手來。」全班都舉起手來，只有個小詹尼坐在那兒不動。女教師不遺餘力地再說一次，把天堂形容得更美，說又有好東西看，又有好東西吃，講完了又問：「孩子們，誰要進天堂，舉起手來。」但小詹尼仍然不動。於是那女老師便把課解散了，把詹尼留下來，問他：「詹尼，我告訴你們天堂的事，你明白嗎？」

「明白。」

「你不說天堂好嗎？」

「好。」

「詹尼，你不想到天堂去嗎？」

「想。」

「那麼，你為什麼不舉手呢？」

「我想去天堂，但不要跟他們那夥兒人一起去。」

我講完這故事，大家哄笑拍手，我便對聽眾說國際聯盟雖好，但不該跟那夥兒人同去。

一九二〇年學年快結束時，洪業對教會曖昧的態度與他高昂的愛國熱情，幾種因素混合發生了化學作用。他作了一連串頗強烈的舉動，決定了他以後大半生的取向。他在一九七八年對這些事情仍然記憶猶新，講到時情感激動，聲音都有點沙啞了：

美以美會每四年開一次大會，全世界都送代表來，以訂立教會規則及選舉主教。選舉主教的程序和美國兩黨選舉總統候選人一樣。一九二〇年那年，大會在愛荷華州得梅因（Des Moines）市舉行，克勞福德會議未結束就先離開，路經紐約要到他麻州海邊的別墅去看妻女。他在紐約對我說：「你知不知道你的老師拉爾夫．沃德也是主教候選人，但恐怕他無望當選。第一回投票時他只差幾票便選上了，但每次再投票，他的票數都漸漸減少。我們在此說話時，他恐怕已退出了。」

我們兩個人一起吃了晚飯，我回到宿舍後心裡卻忐忑不安，沃德為什麼不夠票呢？票數為什麼每次減少呢？一定是有原因的，我便默默祈禱。我回想到我在福州時，沃德請我們到他家裡吃他自己做的中國飯，還告訴我們中國面臨瓜分。是的，我對自己說，沃德應該當主教，因為他一心一意要栽培中國人。我又想，對了，也許就因為這個原因別人才反對他。我想到很多外國傳教士口裡說要教會栽培中國領導人，但總是說要「慢慢地」。

我越祈禱，就越感覺上帝對我說：「背起十字架跟從我。」我馬上決定，我雖然不是大會代表也要去。從福州來的人很多都認識我，有些本來就相識，有些讀過我的文章，聽過我講道或當翻譯。我第二天跟學校院長討論這問題，我說我覺得應該去，但還有一門課要考試，院長就安排我把考卷帶走，在火車上答題寄回學校。

我到得梅因時已是深夜，那天天氣陰冷，叫了部計程車到得梅因大旅館，即大會會址去。旅館樓下門廳空蕩蕩地，大多數人都上床睡覺了。夥計告訴我客房住滿了，我就問他有沒有別的旅館，我可以去試試。他說全得梅因的旅館都住滿了，「除非有人肯與你合住。」我說夜已深，不知到哪兒去找人合住，能不能替我隨便搭張床呢？他說那是違規的。可是正在這當兒，櫃檯後另一個夥計突然吃吃地笑著把頭一個傢伙的衣袖拉一拉，又在他耳邊低語。頭一個傢伙便對我說：「對啦！我剛才忘記了，我們還有一個房間，但我相信你一定不會要，是新婚套房，因為房價一天二十元，所以沒人要。」

那房價比普通房高出三倍，可是我向他要了。我離開紐約前把銀行存款都領了出來。那是我平生唯一一次在旅館的新婚套房過夜。套房有一房一廳。我搬了進去後便跪在地上祈禱：「上帝啊！我花了好多錢，現在應該怎麼辦呢？」

我打定主意，便打了個電話下樓：「我能不能在房裡叫早餐呢？」

「當然可以。」

「可不可以供應幾個人的早餐？」

「行呀！」

「能不能搬張大桌子上來呢？」

都沒有問題。我便下樓弄到一張大會代表的名單，找到中國來的代表，有二十來個，馬上打電話去。他們都不在旅館裡下榻，太貴了，而是分住在男青年會和女青年會。

美以美會裡地位最高的是主教，下面便是牧師，但有些牧師做久了便叫監督牧師，因為他們有監督別的牧師的責任。我打電話給年長的余監督牧師，他聽說我在得梅因，還住那裡很貴的旅館，非常驚訝。我問他沃德選舉主教是不是得票一天比一天少？現在情形怎樣？他說沃德看樣子一、兩天內就得退出了。

我問說：「怎麼一回事呢？我們是熟人，你告訴我，你贊不贊成他做主教？」

他說他贊成沃德做主教，但沒辦法逆流而上，我就請他告訴所有的中國人代表第二天早晨來我旅館吃早餐，他說：「你瘋了，那地方好貴啊！」

我叫他不要擔心這個，又打電話去女青年會去。所有的中國人代表都來了，有北方來的，也有南方來的。他們都贊成沃德做主教，但說那些傳教士大都是他們的老師，叫他們不要選沃德。他們告訴我最反對沃德的，還是個在中國五十多年的女傳教士。所有的傳教士，包括我的老師高智先生，都認為沃德太激進，對提升中國人這事操之過急。

我就說：「大家對沃德的人格、信仰或能力都認為沒有問題，問題是他主張提升中國人。而且連反對他的人原則上也不反對中國教會應由中國人領導，可是他們強調要慢慢來。所謂慢慢來，就是不要中國人做主教，連在中國人一邊的主教也不行。」

我講到這裡，聽見有人噗哧一笑，低聲說：「洪業在為自己鋪路。」

就在聽見這人偷笑的一剎那，我下定了主意，永遠不受聖職。在那一年內我生命已有幾個大轉變，而在那一剎那我又下了一些很重要的決心，我內心喊叫說：「神啊！感謝你顯昭我。」

我在外面沒有什麼表示，仍大聲說：「那完全是政治手腕，在教會裡我們應該按照神的意旨而行。我們大家同意沃德遲早應該成主教。我們同意的原因不是因為我們自己希望有一天成主教，而是因為中國教會依賴外國傳教士一天，就一天不能成真正的教會。我們得有點行動。我們現在並不要求馬上有中國人做主教，對嗎？那是慢慢來的呀，對嗎？顯然這些傳教士是我們的老師，高先生是我自己的老師，但孔夫子有句話說：『當仁不讓於師。』這件事情我們不能為尊師而草草決定。」

我看到他們都同意我的話，便說：「不管沃德選不選得上主教，我們不能讓人家說中國基督徒在這重要關頭背叛了我們的朋友。」

他們異口同聲向洪弟兄道謝，他們不知道洪弟兄為這件事犧牲了多少。

我勸他們遊說別的代表，請他們也投沃德一票，傳教士們問的話，便照實說。余牧師帶領我們祈禱後他們才散去。

我既不是大會代表，便坐在會場樓上邊座觀看，俯觀底下與會的代表。驀然發現大半的頭頂是禿的，像一湖月光。我暗自說：「這個教會若不能吸引一些較年輕的人，就沒有前途了。」

沃德的票數果然上升，但另一個代表得到了多數票當選了主教；可是四年後，沃德選上了主教，又過了幾次大會，美以美會選出了第一個中國人主教陳元龍（又名陳文淵）。他以前在福州鶴齡英華書院是我的對手。

洪業回顧一九二〇年所做的種種決定時說：

我當時對我自己訂下了幾個原則，歸納起來可以說是三有與三不。三不是什麼呢？我一生對三方面很有興趣，我對怎樣統治人民、造益國家這些問題很有興趣，但官場險惡，投身政治不時要作妥協，有時損傷到自己所愛的人，所以我決心不做政府官員。我對宗教很有興趣，但教會與宗教是兩回事，教會如面孔，宗教若笑容，要笑容可愛，面孔得保持乾淨，我既不能洗擦面孔的汙點，便決心不做牧師。我對教育有興趣，但教育的行政工作類似官場，要奉承有錢有勢的人，所以我可以做教員而不做校長。三有是什麼呢？第一是有為，第二是有守，第三是有趣。這三有是相輔相成的。一個有抱負的人常為了急於達到目標而犧牲了原則，所以得劃清界線有所不為，這叫「有守」；但有守的人常枯燥無味，要懂得享受人生自然的樂趣，所以要「有趣」；但最有趣的人是詩人、藝術家，他們大多不願負責任，罔視於社會福利，所以要「有為」；在這三個「有」之間得保持平衡。

於是，一九二〇年尚二十六歲的洪業，便在他自己周圍劃了一條界線，限定了自己以後一生努力與活動的範圍。

第九章　巡迴演說

洪業於一九一九年在哥大完成了他的歷史碩士課程，一九二〇年畢業於協合神學院，開始攻讀歷史博士學位，但始終沒念完。有一次他為反對威爾遜總統演講，講完下臺，聽眾中有人上來和他搭訕，對洪業說他的演說有多麼好，既引人入勝，又有說服力，何不以此為職業，益己益人。他說美國有不少演說局，替演說家做經紀。洪業便寫信到一家叫「演講廳」（Lyceum）的機構，當他在賓州一個小城演說時，這公司的主管人便來聽，聽完和洪業立下合同。

於是洪業開始巡迴演說的一段生涯，從美國東岸到西岸，北部、南部，走了不少地方，演講場所包括扶輪社、共濟會會所、基督教堂、猶太教堂、大學等等。洪業身材高挑，舉止斯文，一口優美的英文，談笑風生，無論在什麼場合都引人矚目。下面節錄一些關於他演說的報導：

> 他講完以後，扶輪社全體聽眾站起來鼓掌。洪先生屢次點頭致謝，掌聲仍不停。那熱烈的

場面在紐堡是罕見的，他以後若再來，演說一定廣受歡迎。（紐約州紐堡《日報》）

他英文不但極其流利，而且遣詞豐富，見識過人，他既充滿智慧，卻又不脫離現實；既思想銳利，卻又洋溢著幽默感；充分表現他對人對事不尋常的洞察力與判斷力。（麻州波士頓《公理會員報》）

洪教授今晨在禮堂結束他的「地平線」演講系列……他的講演好極了，全體學生站起來熱烈鼓掌。歷來有不少演說家、教師、藝人光臨迪波大學，但他們之中沒有人比這位自中國來的偉大教師更值得我們的讚賞。（印第安那州格林卡斯爾《旗幟》）

夏季裡，洪業便為肖托誇（Chautauqua）服務。這個團體每年夏季在美國各地組織長達一週的娛樂與教育活動。洪業說：

肖托誇運動對美國後來所謂的成人教育很有貢獻。那時候收音機、電視都還沒有發明。肖托誇派人與小鎮上的牧師或商會會長聯絡，說：「我們計畫某一個星期來你們鎮上，預算全週費用一共五千元，你們能不能替我們保證五千五百元收入呢？我們賣門票賣不足的話，你們得補上；如果門票賣多了，剩餘的錢可撥給你們教堂或社區使用。」肖托誇的活動很受歡迎，一般地方士紳都很樂意承擔這種無本生意，而且出力替肖托誇做宣傳，日期到了，便有幾輛卡車開到鎮上搭起大棚來，向教堂借些椅凳，聘了大學生賣門票，有音樂會、戲劇、孩子戲，但節目的中心是關於國際時事、科學、倫理、宗教的各種演說。結果，肖托誇賺了錢，演說家賺了錢，大學生賺了錢，而鎮上的居民得了娛樂，還多受了點教育，皆大歡喜。

肖托誇印了一份節目表給我，今天到這個鎮來，明天上那個鎮去，每天都有節目。有時候我的演說取消了，我便可觀賞其他節目。我最喜歡看英國輕歌劇。我的演說為時一小時，題目為中國語言、風俗、歷史。開始時每星期薪水是八十五元，後來名望高了，薪水升到一個星期一百八十五元。

一九二一年到一九二二年這兩年間，洪業還在美以美外國差派會兼職為學生書記。他的責任主要是與全美國各大學的中國基督徒保持聯絡，還負責組織在美國美以美教會百週年紀念世界展覽會的中國展覽。這展覽會一九二一年在俄亥俄州哥倫布市舉行。洪業得到一筆頗大的旅行預算費用金，便請藝術家嚴修把展覽會最大的會館棟梁上都畫上龍，並用水泥捏了個巨型菩薩；又請戲劇家洪深編排遊藝節目。中國會館裡還賣水餃、各種中國點心、手工藝品、絲綢等。三個月的展覽牽動了一百多個中國男女學生，有些是基督徒，有些不是。那年夏天，數十萬美國人在俄亥俄州窺視到中國的另一面。

洪業在美國巡迴演說時，妻女留在離紐約市不遠的長島住，而他三弟洪紳在紐約州的倫塞勒理工學院（Rensselaer Polytechnic Institute）讀書。所以洪業不久便回紐約一次，但他絕大部分時間都在旅途中，踏遍美國大小市鎮。二〇年代的美國還沒有收音機、電視等大眾傳播媒介，也沒有推銷全國產品的超級市場；教堂還是一般美國人的生活活動中心，牧師廣受尊敬，而政府正嚴格執行禁酒令；那時候經濟很蓬勃，汽車剛開始通行，商人試驗各種廣告技巧，很多人發了股票財；洪業的朋友紅毛公的早餐穀食生意做得很好，他把公司賣了，賺一大筆錢後買了一家電鐘製造廠，又再賺了一大筆錢。但二〇年代的美國也是階級偏見與種族歧視很深的一個社會。把黑人私刑殘酷處死的事件屢見不鮮，如有種族暴動或工人罷工，政府即用強力鎮壓。一般美國人對中國人誤解也很多。有些以為中國人皆是低聲下氣搞洗衣店的，有些則以中國人為「黃禍」。洪業面臨這些偏見，覺得又好笑又好氣，就用英文寫了本小冊子，題為《互相瞭解》（*Get Acquainted*）以望糾正一般美國人對中國的誤解，紐約中國社於一九二一年出版了這本小冊子。

洪業在旅途中有空便看書，看了很多當代美國社會評論家的著作。他在一個鎮上多勾留幾天的話，就找機會去訪圖書館。他很羨慕美國大眾可隨意翻閱各種參考工具，如百科全書、索引、地圖、統計表、年表、族譜……，在中國這些都是很難看到的。中國沒有這些工具，要提高知識水準，必定困難重重。洪業特地訪問了《讀者文摘期刊指導》的創辦人，去研究怎樣組織這類刊物，也到美國國會圖書館去考察該處中文書如何編目。

一九二一年華盛頓海軍裁軍會議開始時，紐約的中國社安排了一些在美國居領導地位的中國人謁見哈定總統（Warren Harding），洪業與哈定總統握了手。他心裡覺得很矛盾，因為他為了山東半島的事到處遊說反對他私底下很欽佩的威爾遜連任，結果洪業公開擁護但私底下頂討厭的政客哈定當選了。洪業對威爾遜及哈定的矛盾心理與他以後對美國政治的傾向是一致的。他因為不願意看到傳統的價值思想被人不經考慮便遺棄，所以常向保守派看齊；但他從來不贊同保守派以私人錢財為神聖不可侵犯那種想法。世界各地有錢人揮霍無度，窮人飢寒交迫，洪業認為這不是天經地義的事，覺得應該革命。而美國保守的共和黨一向比民主黨支持中國，洪業對美國政治的觀點更加錯綜複雜了。

一九二二年，洪業接到劉廷芳自北京寫來的信，劉君在一所剛創立不久的基督教大學任教。他興奮地告訴洪業，該校的校長，劉君多年的良師益友司徒雷登，將到美國來一趟，並打算親自訪問洪業，要聘他做該校教員。劉廷芳勸洪業回中國與他同心齊力把這所大學搞好。不久司徒雷登果然來到，他和洪業一見如故，兩人對基督教、對教育、對中國的看法都不謀而合。洪業便被聘為燕京大學教會歷史學助理教授，同時答應在美國多留一年幫助燕京大學副校長路思義（Henry Winter Luce）為學校募款。

燕京大學的成立原本出自貝賜福主教的一個理想。當時北京附近有好幾家傳教士辦的學校與書院，貝賜福主教深感北京應該有所完備的大學，培育新一代的中國精英基督徒為基督教、為中國服務。一九一一年，他召集了美國與英國各宗派的教會代表，說服他們原則上決定把現有的學校與書院合併成一所基督教大學。他那天在日記上寫道：

我們從歷史的教訓以及自身的經驗上都明瞭宗派各自為家是內耗極大而貽害無窮，浪費而惡毒的。我經過祈禱及深思後，決定靠著信心進行，三月二十五日這一天，在……各教會代表參與的會上，我提出合併各教會學校成為一個聯合基督教大學的議案順利通過。我們今天這一舉不知是掀開了歷史光榮的一頁，還是在歷史書上塗了個汙點。

合併的原則雖通過，協議的過程卻是冗長的，各宗派都不甘示弱，到了一九一九年一月，貝賜福主教死前幾個月，合併的程序才完全解決。這新建立的大學在紐約要成立一個理事會，會員包括各宗派的代表、慈善家、巨商，人事的調動及學校經費都得經此理事會批准，在北京則另有董事會監督校政。

司徒雷登新上任做燕京大學校長時，學校的設備簡陋、師資及學生的程度都很差，經費短絀，而理事會各理事只顧著自己宗派的權益。司徒雷登著手找地方蓋新校舍，而且請一位有募款經驗的傳教士路思義來做副校長。

路思義原先得到一個叫世界宗派聯合運動的基督教團體應諾以巨款支持，但這個團體不久就垮了。洪業一九七八年回顧說：

我昨天晚上正在想這個問題，為什麼這團體突然垮了呢？無論怎樣，美國的大教堂是靠資本家的財力撐住的。資本家也許也有很單純的基督徒動機，但不能不顧自己權益。那時候鋼鐵工人有很長一段時間罷工，勞資雙方的關係鬧得很惡劣，我想大概是因為資本家見教會人士同情鋼鐵工人，便把世界宗派聯合運動的財政支持撤回，那團體便垮了。

洪業指的是一九一九年美國三十五萬鋼鐵工人罷工，政府與資方強力鎮壓，十八人喪亡一事。於是路思義便得另覓款項，帶了洪業到處募捐。每到一處，洪業先演說，講中國文化、中國語言、中國在歷史上的地位等等。他講完了，路思義便要求聽眾捐錢資助北京這新設的基督教大學。洪業笑說：

換句話說，我是在街頭演戲的猴子，路思義是拉著手風琴、等猴子演完戲向觀眾要錢的乞丐。

他又說：

路思義是怎樣的一個人呢？《聖經》裡有個故事，關於一個叫納撒尼爾（Nathaniel）的人。有一天納撒尼爾來找耶穌，耶穌看到他就說：「來了一個完全無詭計的真正以色列人。」我每逢讀《聖經》看到這裡，就想到路思義。他長得很高，比我高一點，端正的臉上總是和藹地微笑著。他那麼認真，那麼虔誠，又那麼天真，有時看過去像個老孩童。我演講完了，他便站起來說：「我代表一個在國際人士管理下的優秀大學，這所大學設在全世界最新的共和國，也是人數最多的國家的首都裡。你們若捐錢給這大學，便在這大學有股份。」聽眾相信他的話，因為他很顯然是個誠實的人。

我們的旅途中，他為了替燕大省錢，總是在旅館只訂一個房間，我們分睡兩張床。我一定帶了一大堆書，看半個小時書才睡覺；路思義則早睡，他用我不看的書築成個小牆擋住我的燈光入睡。他一早就醒了，因怕吵醒我所以不起床。從床邊紙盒子裡拿出一些五寸長三寸寬的卡片慢慢整理。那些卡片是可能捐款人的檔案，他把這些叫「我親愛的老太太們」（因為捐款人大多是老太太）。他把卡片分成一堆一堆，這一堆是匹茲堡的，那一堆是費城的；今天要見這些人，明天見那些人。他每天早晨都費一個半小時的光景靜悄悄地整理這些卡片。

我說我是猴子，我年輕時真是像猴子，淘氣得很，喜歡逗他玩。我提議我們去看場電影，他為了讓我高興答應陪我去。吃晚飯時，他看了菜單，總是找最便宜的吃，這往往是一盤炒蛋。點完了就問我要什麼？我也不好意思叫貴的吃，只好也要盤炒蛋。我們一邊吃他便一邊看表：「該走了吧？」我就說：「路思義博士，等一會兒，我們還沒喝咖啡，還有點心。」我就故意拖延著，進到電影院電影已經開演五分多鐘了。他就會看得摸不著邊際。問：「這個人跟那個人的關係如何呢？」我就有機會賣弄小聰明了，向他解釋這個人大概是女孩子的哥哥，而那個人是爸爸，我往往猜對，他就稱讚我腦筋快，我就開心極了。路這個人有條有理，像個時鐘一樣，我年紀輕，占便宜。

可是他很愛我，又喜歡把他兒子寫給他的信讀給我聽。那時候他的兒子和耶魯大學兩個同學正要辦一份週刊。他們的主意是既然自己不夠資本，請不起通訊員，便把各日報的新聞改寫了，不會被控告剽竊就行。而在改寫中他們又加上一些大學生的俏皮幽默，讓人看了覺得有趣。我對路說：「你的兒子發現金礦了。」他就寫信給兒子，說我年輕的朋友威廉洪如此這般說。後來小路思義成了大出版家。我到紐約洛克菲勒中心時代生活雜誌大樓去找他，他總是說：「威廉你快過來，那些日子你對我的支持真得力。」

路思義與洪業向人要求捐獻一件活的禮物，即一家基督教大學給中國。一年半之間募得兩百萬美元左右，作燕大建築校舍之用。底特律市第一美以美教堂的一位教友見到像洪業這樣的人才願意回中國教書很受感動，捐出七千美元特為洪家在校園裡蓋間舒適的房子用。

一九二三年八月的一天，距洪業第一次離開福州渡洋剛好八年零一日。他攜著妻女上船重渡太平洋回中國。他與洪夫人這次回中國是帶著幾分憂懼的。洪夫人雖然生在廣東，但自幼在夏威夷長大，只會講幾句客家話，國語完全不懂。洪業在美國八年了，成年後可說大半生活在美國，習慣了美國的生活與思想方式，對中國反而有點陌生起來；何況他在中國只住過福建、山東等偏遠的省分，他離開後中國又歷經幾度劇變，現在神州是土匪流竄、軍閥橫行的地方，他有時候甚至覺得自己在美國社會比在中國社會更安心自在。

當他們乘的輪船駛入日本神戶海港時，見到的是一幅很恐怖的畫面：一九二三年的日本大地震數日前剛發生，港口上的汽油槽都著了火在滾滾沸騰地燃燒著，海面上漂浮著無數小船，每艘船滿載著驚惶無措的人，他們都趨向輪船求救。輪船的水手援救了一千四百多人上船。這觸目驚心的鏡頭對洪業來說好像象徵著掙扎求援的亞洲民眾，而他與人同乘的西式輪船容量實在太小了，救不了太多的人。

第十章　歸國學人

洪業初到北京時，燕京大學還沒有建造在西郊的新校舍。課堂分布在城裡盔甲廠的幾棟舊樓裡，全校有三百三十六個男生，九十四個女生，教員中五十二個是外國傳教士，二十八個中國人。

洪家第一個月暫住在校長司徒雷登與他的母親住的房子裡。其後三年與兩家美國傳教士分住一個老式四合院，門牌是毛家灣五號。四合院裡有塊空地，洪業馬上把它鋪成了水泥網球場。

當時中國社會正在激變中，游離在空氣中的各式各樣的理論、價值、心態、思想實在太多了。與其他的中國知識分子一樣，他必須在其間加以選擇，找到自我人格結晶的核心。大多數與他同時回國的歐美留學生，回國後便把在外國形成的態度及習慣，像一件不合時尚的外套一樣，遺棄在身後了。國內排洋之風相當猛烈，這大概是最方便的方法；但洪業有意識地決意不否定他在美國形成的價值觀、習慣及思考方式。而且他在生活上也強調這個抉擇，建築網球場就是個例子。他堅持燕京大學付他與外國教員同等的薪水，這薪水不多，但比一般中國教員高。他加入共濟會及北京扶輪社，他成為美國大學會的會長，他來往最密的朋友都是歐美人士或其他留學生。

對在美國長大的洪夫人，適應二〇年代的中國社會可不容易。政局之動盪讓她焦慮不安，一般人民的貧困窘迫與富人的揮霍無度，都讓她驚駭不已。剛剛學普通話的她，每天就得與無知的傭人及精明的商人打交道，討價還價。她凡事只盡量以最合理的方式解決。

在一封一九二三年十二月一日寫給克勞福德家的信上，洪夫人對她在北方的生活有下面的描述：

中國的生活比在美國複雜多了，幾天前煨蓮與我跟兩個朋友一齊在城牆上散步，這是在北京散步的好地方。我們到了哈德門（即崇文門）的時候，兩位朋友都被禁止前進，因為他們穿的是中式服裝，從哈德門至前門之間的一段，只要是外國人，不論好壞，與穿西裝的中國人都可以走，但穿中式服裝的人就不准前進。一個法國醉漢可做出很醜的事而只有法國政府代表可處罰他。我們看到一個外國人猛力摑一個苦力，苦力用手撫摸他受傷的臉靜靜地溜走了。在中國的西洋人對中國人的虐待是在美國聞所未聞的。

上禮拜我們被邀去吃晚飯，那菜餚的豐盛講究，在美國只有大富豪才能請得起。光是葡萄酒就有五種，可見在此的外國人及高級華人生活不簡單。一些我們以為生活應該簡樸的人請吃下午茶時，也不惜所費。

我們在這裡的生活卻比以前更簡單了。逆流而上是不容易的，但我的方法試了幾次看樣子可行得通：有外國人來吃飯的時候，我就預備幾款實惠的中菜用西餐吃法，不把菜放在中間讓客人任意揀，而是把菜盤繞桌子讓客人輪流拿取。人少的話煨蓮與我就把菜逐一放在客人的盤子上，末了來個精緻的中國點心。有中國人來吃飯就吃西餐，五道菜加上咖啡。中國人吃得很高興而忘了只有幾道菜，而不是十六道或二十七道，劉廷芳不明白我們怎敢請要人吃那麼簡單的菜。

洪業在燕京教了幾門歷史與宗教的課，他也是歷史系代理主任。他對他在燕京的第一年有下面的一段回憶：

燕京最美好的一面就是大多數的傳教士及一些中國教授對學校的前途比對自己的名利重視。我到達之前，歷史系主任也是系裡唯一的教授是菲利普．德．瓦爾加斯（Philippe de Vargas），是個瑞士博士。他的中國名字叫王克私。但我還未到校之前，他已建議把我升為副教授而且要我當系主任。我們兩人中應教中國歷史的自然是我，但我覺得自己不夠資格，便取得司徒雷登與行政委員會的支持，支付一筆款來聘請一個真正的中國歷史教授——王桐齡，可是他不肯來燕大，卻推薦了一個學生，常乃　。常乃　來了，但我對他印象不好，他像個乾癟了的書生，頭髮亂七八糟，臉也不刮，長年穿一件破爛的藍布大褂。因為他剛畢業，便聘為講師，在宿舍分配了房間給他住。他在裡面整理講義，很少出來，我也很少理會他。我太太和我常請其他教員來吃飯，可是我不記得有沒有請過他。教了一年，他大概也覺得沒受到賞識，就辭職了。我也沒費力氣留他，心裡想走了就算了。結果這是我一生中最大的遺憾之一。這個人後來成為青年黨的臺柱，是憲法運動中很重要的人物，又建立了新的歷史學派，他是個很了不起的人，而我卻錯過了他！

我教一門任何學生都可選的歷史課，是大家覺得好玩的課，我跟學生說：「你們在我班上可以隨意睡覺，但我包你睡不著。因為：第一，我的題目很有意思；第二，我講話很大聲，你睡也睡不著。考試的時候，我不問什麼人、何處、何時的問題，我要問的是如何與為什麼。讀歷史得知道時代趨勢、社會制度。如何與為什麼是汁漿，其他都是渣滓。」然後我在全班一百多個學生中挑出幾個，鼓勵他們念歷史方法課程。

在歷史方法班上，我先要灌注他們一種歷史感。第一，要他們在一週內繳出一篇作文，題目是「我是誰？」，內容包括姓什麼名什麼，有沒有別的名字？何地人？父母在不在？幹哪一行業？祖先中有沒有傑出的人物？家族淵源如何？有沒有族譜？在哪裡保存著？第二，要他寫一篇出生地的歷史：何鎮何市、住宅的由來如何？有沒有看過地契？房子建立多久了？在家中多少年?這對文獻的處理是很好的訓練。往往使得學生的父母對此也有興趣。因為很多事情是他們也不清楚的。

洪業在宗教學院教了一門歐洲宗教史，卻出了件怪事。有一天上課，洪業講耶穌去世後，門徒們的思想主要有兩派，一派是以彼得為領袖，主張基督教規矩一切應按照猶太人的宗教；還有一派以保羅為領袖，要強調耶穌之後神與人新的約法，兩派之間有點摩擦。第二天，洪業繼續講這個題目，發現學生不肯靜下來聽課，有些在咳嗽，有的在地上擦腳，有的在偷笑，他就生氣了，告訴學生說他們的態度不良，像小孩子一樣，叫他很難堪。學生中年長的一個叫呂振中的就站起來對洪業說，有個燕大過去的畢業生陳牧師教他們怎樣與死人交談，靈驗得很，他們昨天晚上和彼得、保羅談了，結果知道兩人間並沒有爭執，洪業聽了很吃驚，請全班到他家裡吃下午茶示範。二十個人就來了，他們繞著桌子圍坐，桌子一條腿底下墊上破瓦，桌子就不穩了，大家先祈禱，閉上眼睛，手按在桌上，以呂振中作主，他緊張得很，汗流浹背，請陳牧師的丈母娘王太太來。洪業就問：「我父親死了多年，死的時候多少歲，能不能調查出來?」桌子就顛了，顛了四十七下，果然對。洪業問他弟弟生日那一天，又答對了，可是洪業問明年四月一日星期幾，答案查萬年日曆卻不對，把銅板放在盒子裡，問銅板正面往上的有幾個，也不對。洪業便對學生講，鬼有沒有另當別論，但他相信這是心電感應。人都有潛意識，而剛才呂振中的潛意識與大家的潛意識相通，如果其中有人知道答案，這答案就傳給了呂振中，可是如果沒有一個人知道答案的話，那也就只好瞎猜，所以這證明有潛意識，而不能證明有鬼。後來呂振中把《聖經》重譯為中文，很有成就。

除了教書外，洪業在一九二三年還致力於改進燕大圖書館，因為圖書館的中文書，除四書五經外什麼都沒有，英文書則差不多只限於聖經評注，很少有學術方面的書。他要知道燕大學生還有什麼參考書可讀，也到了當時北京唯一的公共圖書館，即京師圖書館去看，發現那裡書雖多，但沒有編排制度，而且館樓破舊，由幾個垂垂老矣的老頭子管，好處是不要錢，而且准抄寫，至少比洪業小時在濟南的圖書館略勝一籌。

在北京當時找書最好的地方是琉璃廠的舊書店，那些夥計都非常客氣，讓客人隨意觀覽。洪業深感燕大需要那麼多基本參考書而沒錢買，便想起他的闊朋友紅毛公，寫信提議他捐錢建立一個「索思伯格母親圖書館專款」，紀念他的母親；紅毛公寄了一千美元來，洪業收到樂極了，馬上到琉璃廠去帶了一車子的書回來。受到此鼓舞，洪業再向他其他在美國的朋友募捐，當燕大女院與燕大聯合成一體的時候，洪業說服女院的院長費慕禮（Alice Frame）把兩萬五千美元撥出買中文書。其後，當燕大得到美國鋁土礦電分離發明人霍爾遺產的一部分，圖書館就更有能力大量買書了。燕大圖書館後來成為中國最好的圖書館之一。

洪業星期六最喜歡叫黃包車去看燕大的新校址。校址在北京西直門外五英里，從城牆到西山的半路中，接近清華大學。地是司徒雷登選的，先在一九二〇年買到六十英畝，後來或買或租擴大至兩百英畝。看過去像是個被遺棄的花園，因為這一帶以前全是滿清貴族庭園的所在，滿人沒落了，只好把園地逐漸賣出。清華大學就建在圓明園外一個王公的花園上。洪業喜歡在假山、池塘、松樹叢之間散步，他沿著水道找水源，拿了紙筆做圖案，把這一帶在建築之前的風景記錄下來。

他開始蒐集關於這一帶地方的書籍、手稿、詩詞、繪畫。洪業一九二八年第一篇考證的文章便是關於兩塊在燕大校址出土的明朝墓誌銘——〈明呂乾齋呂宇衡祖孫二墓誌銘考〉，他不但對墓誌銘有所詮釋，而且還查出明代其他文件提及這兩人的事跡。

燕大校址的一部分原是明朝米萬鍾畫過的勺園，洪業買到這幅畫而且把畫及關於勺園的文件收集在一起出版了；校址另一角落，後來用以建教員單身宿舍的地方，原來是清朝親王奕譞的「蔚秀園」所在地，洪業對此也有文章考證。可是校園的絕大部分，是以前滿清的貪官和珅（一七五〇—一七九九）的淑春園，洪業對和珅的一生很有研究，中英文都有介紹。在這些歷史氣味濃厚的廢墟中，崛立起嶄新的宮殿式建築物，外面是傳統的青瓦檐、紅棟梁、花格窗，裡面卻有最新式的暖氣及衛生設備。很多原先的山水花草都恢復了原狀。水塔巧妙地隱藏在一座優美的寶塔裡。行政樓命名為貝公樓，就是紀念替洪業施洗禮的那位貝賜福主教。他也就是說服美國各教會聯辦燕大的人；另有棟大樓叫魯斯樓，紀念為燕大募款的路思義，這些名字對洪業個人來說是非常親切的。校園南邊一角有棟磚砌的是洪業自己設計的洋房，園子裡有亭子，客廳裡有壁爐，這是專為洪家興建的。

當洪業在舊書店、古董店流連忘返之際，常碰見教育部管文物的裘善元先生，歷史博物館在他手下，充滿極有意義的物件，包括一個用來考針灸醫師的銅人，銅像有無數的小洞，塗上蠟，裡面可注滿液體，考生扎中小洞，液體便流出來。可是教育部是政府最窮的部門，這博物館缺乏經費，沒錢把它打開讓公眾觀賞。洪業與司徒雷登相談後得獲霍爾遺產六千美元，裝修博物館，還買了玻璃櫃。洪業寫信給埃里克．諾斯說博物館開放頭四個禮拜有十八萬五千人參觀，人數等於北京五分之一的市民。以後的入門費足夠維持博物館經費，而洪業與司徒雷登都成為榮譽館員。洪業從裘善元處學到很多對古物鑑定的知識。裘善元後來向洪業推薦北京大學一位畢業生容庚到燕大執教，容庚成為古金石的權威，洪業一九二七年創辦《燕京學報》時，便請容庚做總編輯。

一九二四年夏，洪業第一次回福州，他雖離開福州不到十年，卻對城裡的變化幾乎不敢置信。城牆全拆下來了，高一級低一級的街道碾平了，到處都是黃包車、腳踏車，轎子變得非常罕見。他被邀到處演講。發現各校學生都會講國語，讓他非常詫異，僅僅十年之前，他還是全校師生中唯一會講官話的人。

他家裡也經歷了大變動，外祖在洪業留美時已去世，外祖母還在，洪業帶了幾百個銀元給她。那老宅在他外祖抱來的舅舅手中也大不如昔了。洪業探望了胖阿姨，阿姨炒米粉給他吃，那米粉令他五十年後在美國劍橋尚津津樂道不已。但單就吃的一項看，洪業的少年時代已逝不可追。因為他那年暑假腸胃有問題，醫生只准他吃牛奶吐司，所以他沒回外祖母處去住，而住在一位外國朋友家中。而且當時他三弟在美國念書，四弟在燕京，五弟住在福州協和大學宿舍裡，福州其實已沒有家了。

從福州回北京後那一段剩餘的暑假，洪業蟄居於一個朋友在北京近郊山頂的別墅裡，趁著難得的閒暇，他深思應怎樣把中國經幾千年來累積的學問擠入大學課程的框架裡。他覺得把它籠統歸入一個「國學系」太難令人滿意了。他相信應把先人知識分為語文、數學、科學、人文四類；人文下中國文學應自成一門；而中國的考古、藝術、歷史、哲學、宗教等科目都該與西方的這些科目相互結合，一起教。開學後洪業做燕大文理科主任，便有機會慢慢把這些理想付諸實施。

他在這暑假期間還思考另一個問題，就是應怎樣把中國先人累積的知識組合起來，讓未來的科學家、歷史家及其他學者可輕易索取，中國急需一些像索引（index）、「堪靠燈」（concordance）的工具，而且翻檢法得先改進。中國的文字不靠字母而且不遵照一定的邏輯形成，用兩百一十四個部首檢字甚為牽強而不方便；用音韻檢字的問題是中國字同音的太多，找起來費事，而且有很多字的讀音根本沒法確定。洪業在美國國會圖書館看到林語堂的一本書，把中國字形分為十九類，另外也知道圖書館員很多都用「永字法」，把筆劃分為九種（橫、豎、左至右、右至左等），他便採用各種檢字方法，玩摩幾千個卡片，創立了他自己的方法，名之為「中國字庋擷法」。「庋擷」是兩個古字：放進、抽出之意。洪業的方法是每一個字指定它六個數字位數，頭個位數看那字形屬那一類，是「中」類，或「國」類，或「字」類，或「庋」類，或「擷」類，或「法」類。第二到第五個位數相近於王雲五的四角號碼，第六位數則表示這字裡有幾個框框。譬如「中」字就有兩個框框。這方法的優點是易學易找，而且學會以後看到六個號碼，就馬上可想像出原字是什麼形狀。

同年，上海商務印書館出版了「四角號碼」字典，方法是把筆劃分為十類，每類指定〇至九當中的一個數字，每個字指定四個號碼，就代表字形四個角落的筆劃。這個方法與洪業六個位數中的四個相近，因為同是根據「永字法」演變的。王雲五的四角號碼雖然缺點不少，最大的缺點是同一個號碼下往往有很多字，但很受大眾歡迎。大量字典、辭典、參考書都用此法。王雲五身任全國第一出版公司——商務印書館——編譯所所長的要職，自然也有利於推行他的檢字法。然而洪業在四角號碼風行後，還是堅持用自己的「中國字庋擷法」，所以燕京大學差不多所有的出版物索引都用此法，包括很多極重要的基本參考書在內；因為只有燕大使用此法，很少人學會使用，外人用燕大出版的參考書時便很不方便。先按部首或英文拼音找到庋擷法的六個號碼，才能把字查到。洪業若把皮擷法稍微修改，把六個位數中的四位改為通用的王雲五四角號碼，相信學者要學的話就容易多了，但洪業並沒有做任何妥協，這反映出洪業性格中固執的一面。

此外，洪業把他的新檢字法用兩個稀見的古字命名，這兩個字除非是很有學問的人否則念都念不出聲，不合於一個美國歸國學人的務實作風。洪業這一舉，也許反映他另一種內心的矛盾，他在一般人眼中雖是個十足率直而對老法子不耐煩的摩登分子，但骨子裡卻充滿著對舊文化依依不捨之戀情。

第十一章 燕大教務長

我們今天徘徊在山水襯托有致的燕京大學校園舊址，即現在的北京大學校園時，不免為這曾一度輝煌燦爛的學府感嘆不已。燕大創辦人抱著美好的理想，要培養一群在中西社會都能怡然自得的精英基督徒。他們的成績是相當可觀的。燕京大學雖然在一九五二年就被關閉，燕京校友人數並不多，但對中國近代的政治、教育、學術都有很大的影響。共產黨在中國取得勝利後幾十年以來，臺灣海峽兩岸的高級外交人員中燕京校友所占比例不少；包括中國前外交部長黃華。而國際各大學裡最受人尊敬的中國學者，特別是人文學科方面的，燕京校友也特別多。

三十歲的洪業做燕大文理科科長（又稱教務長）時，燕大組織仍未定型，是個鮮為人知的教會學校，有三個學院：文理學院，也稱為男院，歸洪業管；女院，歸費慕禮管；還有宗教學院，歸劉廷芳管；只有宗教學院有研究生，在上則有司徒雷登掌校長大權。

因為當時女生與男生不在一起上課，而女校又離盔甲廠的總校址兩英里之遙，所以一九二三年到一九二六年燕大主要是由司徒、劉、洪三人主持。劉廷芳未出國前在浙江便和司徒雷登稱兄道弟，司徒雷登後來資助他到美國受高等教育；而劉廷芳與洪業是多年摯友，洪聽了劉的話到紐約去上研究院，經劉推薦到燕京任教；洪成為文理科科長，也得力於劉的援引；他們兩人都敬司徒雷登如聖人，但劉、洪之間卻常有摩擦；劉廷芳雖對洪業恩情重重，但洪業總覺得自己沒辦法對劉廷芳毫無保留地獻出忠誠。

劉廷芳是個感情容易激動的人，他有他一套漫無邊際包羅萬象的新中國夢想。洪業到緊要關頭雖然也能戲劇性地大刀闊斧，但他習性上是個看一步走一步、就事論事的人。洪夫人極不喜歡劉廷芳，也是使他們有隔閡的原因。劉廷芳身材短矮，留長頭髮，鼻喉敏感、經年咳嗽，洪夫人處處都看不順眼，而且覺得劉廷芳老是找機會抬捧自己。

有一次我們私下講話，安真就說：「廷芳像隻老鼠一樣，到處竄，以後我們叫他耗子好了。」於是我們私底下就謔稱他為耗子。有一天廷芳來找我們，我們大女兒靄蓮那時才四歲，就大叫：「媽媽，耗子來了！」我們羞慚得無地可容。

洪業和劉廷芳爭執的事是有一致性的，他們第一次公開爭辯的原因是劉廷芳提議他們的兄弟會「十字架與寶劍」與成立較久的「大衛與約拿單」結合，洪業怕結合後兄弟會成為會員升官晉爵的門徑而反對他；在燕京，劉廷芳在教員會議提議燕大頒發榮譽學位，洪業極其反對，祕密投票結果，洪業勝利。劉廷芳氣得跺腳走出去，把門砰地一聲關上。一九二五年孫中山死後，劉廷芳東奔西走遊說讓他以基督教禮儀下葬，洪業覺得孫中山年輕時雖是基督徒，但後來髮妻還在就另娶表示他已不遵守教義了，何必多此一舉？劉廷芳善於塑造形象，多方設法把中國基督教會拴在政治勢力的快馬上，是洪業不敢也不屑為的。劉廷芳於一九三〇年代離開燕京大學到南京政府當立法委員去了。

話雖如此，洪劉兩人對很多事物基本上有默契，經他們的堅持，燕京不再強迫學生上崇拜會，他們舉的理由是宗教信仰是活的，各種活物不自由便不能成長。有劉作後盾，洪業便可放心用快刀斬亂麻的手段提高燕大的學術水準。他在很短的時期內把預科取消，替文理科創辦了研究院。他深知燕京大學要在國內大學間立足，非把中文系辦好不可，便把教中文的幾個懵懂教師一塊兒辭掉，重新聘請資歷高深的教授。他定了規矩，學生成績平均不夠乙等的話，就得退學；實施第一年四百多個學生中有九十三個被迫退學。以後學生數目維持在八百人左右，入學競爭非常激烈。

我定了規矩說平均成績不夠乙等的話就得退學，便有許多人來替子女求情，我總是說一個人沒受大學教育的話，還可從商做生意，受了大學教育，他就覺得從商是降低自己的身分，如果成績不好的學生留在學校繼續讀書的話，以後會成個對自己對社會都無用的人。

洪業與一般和他同時受西方教育的學者一樣，沒有完全擺脫儒家反對士人從商的禁忌，他理想的新中國裡並沒有受高深教育、明大理、有地位的商人階級，這根深柢固的禁忌也許是他們所建的教育制度的偏差之一。

徐兆鏞在一九七三年《燕京校友通訊》一篇以英文寫的文章裡，描繪申請入燕京而經洪業親自口試是怎麼一回事：

……最難通過的是洪博士那一關，你進他辦公室後便戰戰兢兢地站在他書桌前呈上你的申請表。他小心審查你的卡片，把你從頭到腳掃視一遍，然後問你幾個難題。他對學生從不講中國話，而用洪亮的聲音講英語。英語不好的學生嚇得直發抖、淌汗，結結巴巴地回答他。如果千幸萬幸得到洪博士在卡片上簽了名的話，才能鬆口氣走出他的辦公室。

他不是個廣得學生愛戴的教務長，很多人對他不滿。

他們說我是冒牌華人，在我背後說我行的是打分主義，又叫大糞主義。幸好我有陳在新在業務上幫我忙，陳在新是早年匯文大學的畢業生，匯文大學是燕京大學的前身之一；他在哥倫比亞大學又得了數學博士，平時不愛講話，比我們年長些，做事很公平；他的性格和劉廷芳完全相反，常把神學院笑稱為鬼學院，然後趕緊對我道歉：「對不起，對不起，你也是那邊的。」他是副教務長。我開始做教務長的時候，燕大還有預科，預科的學生正入青春期，喜歡搗亂，很難應付。我就請他管這些孩子。他其實寧願靜靜地做學問、下棋——他有一副很精巧的象牙棋——但他出於愛心，替我去管他們，而這些孩子也都服他。有一樁事，我到現在都還不知道做得對不對。我們學生中有個傅涇波，是個很英俊、聰明伶俐的人。他的愛國心是無可置疑的，他祖上在朝廷內務府裡掌管事務，耳濡目染，做人方面學得非常圓滑，處處讓人服貼。他一進校馬上就贏得司徒雷登的信任，後來司徒雷登與傅涇波便形影不離了。司徒雷登做美國駐華大使後，傅涇波是大使館裡唯一的中國機要祕書。司徒雷登晚年殘廢了，便與傅家同住，他一家人照顧司徒雷登無微不至。傅涇波有個特殊的本領，無論在任何政治局勢下的重要人物，他都有辦法接近。有時候是通過這要人的兒女，有時候通過姨太太，他總之有辦法。他成為司徒雷登的左右手，與政府當局人員打交道尤其更缺不了他。

傅涇波對我很尊敬，但他作為學生卻荒廢了學業。我想大概是他二年級的時候成績驟降，司徒雷登便來說情，對我說：「你知道他腦筋是好的，讓他留下吧！」我說：「好，我這次例外相容，他可得知道好歹，趕快把成績搞好，明年他要是又不夠格的話，我開除他你就沒話說了。」司徒雷登說好，可是第二年他還是沒搞好，我就叫他走。司徒雷登沒有說什麼，但我相信他為這件事而怏怏不樂。

還有不少學生被洪業以種種原因開除。洪業記得有個姓張的四年級生，家裡是北京的望族，他在宿舍裡叫校工燒水泡茶，校工慢了一點，等到把熱水拿來時，他把整壺熱水往校工身上潑去，校工受了很重的燙傷，全校譁然。洪業到醫院去慰問校工，告訴他醫藥費全由張家負責，而且道歉說：「這學生的行為表示我們的教育有缺點。」校工說教務長來道歉固然好，但該道歉的人是姓張的學生。姓張的學生不肯去道歉，洪業便把他開除了。

洪業在燕大做教務長用以維護校譽的時間絕不比主持事務少。二十世紀初期，基督教在中國被視為社會前進的新生力之一，有志人士趨之若騖；然而到了一九二五年左右，反西方帝國主義、反宗教的運動如火如荼地到處掀起。基督教在中國知識分子心中已今非昔比；有好幾次謠言紛飛，說激進分子馬上就要來把燕京大學付之一炬，洪業與其他教授便日夜拿著木棍在校園巡邏。

「五卅慘案」發生時，燕京又遭受抨擊，這時洪業可把平日不願加入政治漩渦的習性擺在一邊，挺身而出了。

一九二五年上海租界是歸外國管轄的，以英國代表為主。五月三十日那天，有一群工人、學生及商人為抗議日本在上海棉織廠虐待中國工人而遊行，英國巡警向遊行隊伍開槍殺了十一個中國人；接著，在漢口的英國與日本衛兵殺死十四個遊行示威的中國人，英法軍隊在廣東殺了五十二個中國人。全中國眾憤騰騰，到處示威抗議，反基督教的運動亦跟著蔓延。在北京燕大學生也參加遊行，而燕大教授發表宣言，譴責英方視人命如草芥，違反基督教義。

在燕大執教的一對美國夫婦喬治．巴伯（George Barbour）與多樂西．巴伯（Dorothy Barbour）後來把他們在中國寫的書信及日記出版成書。巴伯夫人說那年六月校內學生對外國人非常怨恨，巴伯先生描述一個學生會議說：

他們講到中國人被「屠殺」，激動極了……全體學生都流下眼淚來，洪教務長私下對我說，這情景像書上形容十八世紀美國的宗教奮興會一樣，他以前是難以置信的。有些學生站起來歇斯底里地大聲哭，有些大喊要把燕大燒毀報仇，但洪教務長提議他們先請上海的學生代表寫篇報告，講述事情發生的經過，署上名，他將交人把它翻譯成各國文字，以公諸於世。但學生情緒高昂，到凌晨兩點半還通過一項表決要暑假全留在北京。洪教務長就指出他們家鄉的人不知道中國發生了這些事情，有賴他們回去宣傳，全場才鎮靜下來。

洪業回憶說：

那時候北京主要有四種報紙，中文有《晨報》和《京報》；英文早就有美國人編的《北京領袖》，有個英國人名倫諾克斯．辛普森（Lenox Simpson），替不少軍閥做外國顧問，也剛辦一份報紙，叫《東方日報》，聽說是張作霖資助的。辛普森很聰明，他從外國進口一輛漂亮的汽車，擺在他辦事處臨街玻璃櫥窗裡，宣布有誰能替《東方日報》招到最多的訂戶便可贏得此汽車。一九二五年北京汽車很稀貴，很多人便一口氣訂幾千份幫忙這個侄兒或那個表弟，希望贏得這漂亮的汽車。所以幾個月之間，《東方日報》的銷路已超過《北京領袖》。

《東方日報》每天只出版一張報紙，一面是英文的，一面是中文的，〈燕京大學全體教授宣言〉寄到全國報館去，《東方日報》把它中英文的都登了。它在中文版對這宣言不表意見，在英文社論卻連日大罵燕京大學，說燕大的教授把宗教與政治混淆不清，邀寵於中國暴徒。《東方日報》的讀者很少中英文都懂，但燕京學生卻中英文都看，便開會議要到《東方日報》辦事處動武，我就和學生說：「你們覺得憤怒是應該的，但何必動武呢？我有個辦法比動武更有效。」

「你說說看。」

「你們如果肯等兩、三天的話，我將做件事情，包君滿意，不過我事先不能跟你們講，一定要突擊，若非出其不意，恐怕就無效了。如果行不通，下星期《東方日報》還是對燕大不客氣，那我就跟你們一起遊行示威去。」

我心裡有個很簡單的計畫，我有個《東方日報》存檔，便把舊報紙拿出來，趕快把它對五卅慘案的英文社論譯成中文，又把它的中文報導譯成英文，並排起來，中文冠之以「異哉東方日報！」英文題為「詭詐的新聞報導」，我寫了封信給《東方日報》的總編輯，要求他把中文、英文都在適當的地方刊登出來，還在信上說：「我考慮過把這兩篇文章寄往《北京領袖》，但為遵照新聞界的沿習，先寄給貴報，讓貴報有反駁的機會，但貴報若不願刊登的話，我只好另謀他法。」

馬上得到了回覆：「對不起，我們不能刊登你的文章，您若能來敝辦公處晤談，必有所獲。」

我於是把我英文的那份送到《北京領袖》去，把中文的那份送到《京報》出版，兩者都按語說《東方日報》不肯把它刊出來。後來《北京領袖》的編輯跟我說這對他們無疑是飛來之福，他把文章在頭版登出，並說：「燕京大學教務長洪業先把此文寄往我們的新聞同業者，但他們不肯刊出，我們有責任把它公開。」第一次把文章刊登時還故意漏了無關緊要的一句，第二天把錯誤指出，又把全文再刊登一次。《京報》把中文那份刊印出來了，並在社論裡呼籲《東方日報》的中國員工辭職抗議。不久，中國員工都走了，外國商行覺得受騙，也不在他們報紙登廣告，於是報館便垮了。

這件事很令燕大學生鼓舞，他們發現這「冒牌華人」居然能寫一手梁啟超體的文言文，便開始覺得我洪煨蓮也不錯。

政治局勢每況愈下，北京的學生呼應五卅慘案遊行，結果四十七人被殺，燕大有個女生被刺刀刺死。中國共產黨自一九二一年在上海成立後便擴散到全國各大城市。孫中山在世時還能在共產黨與國民黨間協調，他死後兩方便進行嚴酷的鬥爭，並為控制青年人的思想苦戰。洪業做燕大教務長，花在保釋學生出獄上的時間愈來愈多。

洪業做教務長雖以嚴厲聞名，但在業務百忙之中，仍不忘從事他一生最熱衷的一種活動——人才的發掘與培育。中國人有所謂「愛才」之說，熱衷此道的人著迷的程度不遜於「愛財」的人；像個珠寶鑑賞家，發現了一枚曠世寶石，便樂得廢寢忘食，千方百計以最優良的手藝把它琢磨成功，以公諸於世——洪業不時留意發掘卓越的學生，不遺餘力地培育他們，又幫他們得到應有的公認地位。在他做教務長期間，碰到兩個值得這樣全力栽培的學生。

第一個是李崇惠，是個北京城長老會牧師的兒子。人瘦瘦的。一九二五年他是燕大學生會會長，那年第四院宿舍學生常丟東西，錢、鋼筆、手錶等常常不翼而飛；姓傅的舍監便來跟洪業談，提議校方撥點錢請警察總署派兩個人來。於是警察來了，李崇惠卻去找洪業說：「這事情不是外賊，恐怕是同學幹的，如果同學間有這種事情被警察抓去，對學校名譽不好，最好把警察退除，讓我們學生究查，我想不久也就水落石出了。」洪業覺得他講得有理，便照辦了，一、兩個星期之後，果然沒有人再丟東西了。洪業就把李崇惠叫來，李就說查出來了，是個同學偷的，而贓物都歸還原主了。洪業便問偷竊的學生是誰，李不肯告訴洪業，只說這個人的名字只有兩、三個同學知道，他一定悔改了。洪業很欣賞李崇惠的作風，解決了問題而不動聲色。

第二年李畢業了，繼續在校做研究生，但開學幾星期後就不來了。洪業打聽到他肺病很重，他住在北城，離學校相當遠。洪業坐洋車到李家，那天天冷，李崇惠躺在一個小屋子裡，生了火爐，煤氣很重，而窗戶都是紙糊的。李拚命在床上咳嗽，後來他父母也出來了，看到洪教務長來看學生很受感動，說看的是個中國大夫，大夫說崇惠營養不好，現在吃點藥盼望會好。洪業想起一個西醫曾對他說，中國人住的地方空氣不流通，最容易傳染肺病，其實不用吃藥，只要不工作，吃好的、呼吸新鮮空氣，把心胸打開，自然就會好，便求李家把李崇惠交給他，他將想辦法讓李崇惠在北京城外西山靜養幾個月，李家自然願意。洪業馬上打電報給他在美國的朋友紅毛公，告訴他有這樣值得栽培的學生，問他肯不肯幫忙？紅毛公來了回電，又寄一千美元來，洪業於是叫個山轎把李崇惠和他的鋪蓋一起抬上西山的一個廟裡，雇個人替他打掃燒飯，半年後果然完全復元了。

此後洪業與紅毛公通信中常提起李崇惠的近況，紅毛公又來信說他認識芝加哥一位歷史教授，紅毛公與他談起李崇惠，那教授就說何不叫他來念研究院呢？可以免他的學費，又可住在他家裡，因為他母親愛中國人。洪業與李崇惠商量，李很高興地到美國去了。他在芝加哥大學歷史研究院很得教授的讚賞，但「九一八事變」在中國發生後，他到處演講，操勞過度，肺病復發逝世。

第二個洪業全力栽培的學生，有相當富戲劇性的一生，他名為張文理，又叫張延哲。洪業做教務長最後一年，張文理要從福州的協和大學轉學到燕京三年級，他的成績非常之好，但入學申請表沒有附帶推薦書。洪打聽到福州協和大學要留他，所以沒有教授肯替他寫推薦書。張文理告訴洪業說他要轉學的原因是在福州做學生會會長，太忙了，以致不能靜下來讀書。洪業收他入燕大，但燕大的學生也早已知道張文理這個人，一進校便被選為燕大學生會會長。學生會本來入不敷出，張文理得到校方的准許把校內信件的傳遞及飯廳伙食讓學生會包攬下來，非常成功，學生會經費便足了。校內人人知道張文理，校警本來在燕大全體師生中只向校長司徒雷登行禮，現在也對張文理行禮了。

洪業問張文理他畢業後計畫如何，他說要回福建平和縣辦中學。他說：「我父親是個窮牧師，每月薪水才三十五元，我小學畢業後，縣裡的農人集合捐錢送我上中學，我坦白告訴你，中國的農民最受壓迫了，我們需要革命，我讀完書有責任回去。」

洪業問他書是不是讀夠了呢？他回答說不，他希望有一天能到哈佛大學去跟農業經濟家托馬斯．卡佛（Thomas Carver）念書，可是暫時太窮了做不到。洪業當場做了個決定，他吐露自己正在與哈佛協商，很可能第二年便到哈佛教書，問張如果他負責張的費用的話，張願不願意與他一道去？結果洪業除自己掏腰包外，還向司徒雷登、博晨光（Lucius Porter）等其他燕大教授募捐，籌一筆錢，足夠張文理去美國住一年，再繞道歐洲回中國的旅費。

洪業一九二七年辭去文理科科長的職位，他說：

我在一九二七年突然悟到，中國的教育機關正面臨著極大的變動，我很多最聰明的學生加入了共產黨。雖然不少人對我的努力很感激，但有股強大的暗流反對我。我那幾年苦於沒有時間思考，沒時間看書，燕大有很多傑出的教授和學生我都沒時間去接觸他們，辦校務對我來說犧牲太大了。我深信不搞校務我對燕京反而更有貢獻，自己也比較能有成就；於是便請司徒雷登把我放走，但答應繼續參與圖書館與學校規格的兩種委員會。司徒雷登當然要留我，但我猜疑他心中一面也為我辭職而鬆了一口氣，因為他有幾次對我說：「煨蓮，這是你的決定，但我相信你這種美國辦法行不通。」他覺得在中國我太美國化了，在中國辦事得變通一點。

洪業最後的這句話，可從司徒雷登一九二六年三月八日寫給埃里克・諾斯的信裡得到印證。這信現存在亞洲基督教高等教育委員會的文檔裡。（諾斯早年到福州演講，洪業曾替他口譯，後來洪業又在俄亥俄州衛斯理大學選過他的課，再後來諾斯在教會裡擔任要職，對洪業很有幫助。）

信上是這樣寫的：

你對洪業很關心，我得讓你知道這幾個禮拜來有些煽動者以示威遊行為威脅，要迫他下臺。他為提高學校的水平而嚴厲執行校規，激怒很多學生。而且他自視甚高，有人便藉故說他沒有中國人應有的風度，是個美國化、機械化、專講效率的霸主。洪業以前的教務長辦事甚鬆懈隨和，所以洪業不得不加倍嚴謹，不巧碰上中國民族主義抬頭，共產黨鼓動，他正首當其衝。當前的導火線，是一些跟他合不來的舊式國文老師，挑撥對洪業不滿的學生，再有外邊人火上加油；此地的中文報紙屢次暗示燕大這數月來表面雖異常平靜，不久就會有事爆發。

司徒雷登也許對洪業的功勞不完全瞭解。在他的自傳裡他只提過洪業一次，那是關於洪業的一篇演講。燕京大學在洪業為教務長期間，從一間沒沒無聞的教會學校，搖身而為全國知名的學府，成為中國知識界舉足輕重的一個機構，洪業的貢獻是不可磨滅的。一九五四年司徒雷登寫完自傳，請胡適替他作序；洪業任教務長的時候，胡適正在北京大學任教，胡適一九二二年任北大教務長，從一九三一年到一九三七年又任北大的文學院院長，亦同行政管理之責，所以對洪業的功勞相當明瞭，他在為司徒雷登的自傳所作的序裡，對此事有所補充：

我在北京大學既與燕京大學為鄰，對它的成長一向非常關心，我相信司徒雷登領導燕大成績那麼可觀，主要有兩個原由。第一，因他與同人建立這偉大的學府，一切有機會從頭做起，包括校舍的設計建築，讓這中國十三個基督教大學中規模最大的學府，享有世界上最美麗的校園。第二，因燕大成為一個中國本色的大學，哈佛燕京學社成立後，燕大的本國學術表現尤其優越，這是在基督教大學中很特別的。

我趁此向燕京的中國學人致敬，特別要向洪業博士致敬；他建立燕京的中文圖書館，出版《燕京學報》，而且創辦一項有用的哈佛燕京引得叢書，功勞特別大。

一九三〇年春，洪業自燕大休假一年，在美國教書，燕大教授通過決議請洪業重當教務長，洪業謝絕了。

第十二章 哈佛燕京學社的成立

燕京大學如何獲得霍爾遺產的巨款，哈佛燕京學社又如何成立，是個饒有興味的故事。

美國人查爾斯．馬丁．霍爾（Charles Martin Hall）因發明用電分離鋁土礦石而致富，一九一四年逝世時仍是單身漢一個，遺囑中指定他遺產的三分之一將捐獻給亞洲或東歐巴爾幹半島英美人辦的教育機構。到一九二九年，這筆錢最後分發時，市值是一千四百萬美金左右。霍爾指定兩人為他的遺囑執行人，一個是美國鋁業公司的總裁戴維斯，一個是該公司的律師長約翰遜。一九二一年，路思義為燕大募捐時，從霍爾遺產得到五萬美元。他打聽到遺產中還有好幾百萬得在一九二九年底以前分發，便安排司徒雷登與戴維斯會晤，他覺得自己已贏得約翰遜的信任，希望司徒雷登能說服戴維斯，再多撥點錢給燕大。

根據洪業說，司徒雷登事後告訴他會晤的經過如下：他們一起吃完午餐，都還沒有講到錢，等到咖啡也喝了，點心送上來的時候，戴維斯才說：「我現在只有五分鐘，請你陳述實情。」司徒雷登緊張得滿頭大汗，趕快解釋燕京為什麼需要錢；話還沒說一半，戴維斯截斷了他說：「就告訴我你需要多少吧！」司徒雷登遲疑地提議一百萬。戴維斯便說：「好吧。」司徒雷登聽了十分後悔沒有多要些。

同一時期，哈佛商學院院長多納姆（Wallace Donham）跟約翰遜很熟悉，也正設法讓哈佛分到這份巨款；一九二四年，戴維斯吩咐多納姆跟司徒雷登合作，兩人草擬一個合乎霍爾遺囑規定，而又使哈佛燕京都受益的方案。哈佛福格博物館（Fogg Museum）有個研究日本與中國藝術的館員，便主張建立一個哈佛東方學社，在北京設立實地偵察所。這位叫華納（Langdon Warner）的館員在日本念過藝術，也曾到過中國旅行幾趟。但他對中國的愛好只止於中國的藝術，他很蔑視中國人。計畫中的哈佛東方學社的工作主要是從事考探古代藝術。

一九二五年一個深夜裡，洪夫人及兩個女兒都已上床睡覺，洪業接到一個電話，是他學生王近仁打來的，說：「我有要緊事得馬上見你。」

為了不吵醒門房，洪業到四合院大門去等他，把他帶入客廳，一進門，王近仁便在洪業跟前跪下，說：「洪科長，我是賣國賊，你得救救我。」

洪業對著他發愣，遲遲才說：「王近仁，站起來，你不會是賣國賊，賣國賊是達官貴人才能做的，你是學生沒資格賣國，你一定把自己估錯了。」

王近仁流著眼淚跟洪業說，他前一年向燕京請假，替一個來自哈佛叫朗頓．華納的人當翻譯員，又替他安排到西北探險。到了敦煌，他們在窯洞附近一個廟裡住下，華納說他要研究洞裡的佛教古物。一天晚上王半夜起來，發現華納不在，去找他，原來他在一個窯洞裡，用布把一片壁畫蓋上，不知道在幹什麼，華納看見王進來吃了一驚，便要王替他守密，說這些壁畫是很有歷史與藝術價值的，但中國人對此類文物沒興趣，美國的諸大學卻很想研究它，所以他正用甘油滲透了的棉紗布試驗，看能不能把一些壁畫搬回美國去。他說試驗成功的話，就再回中國來，到時候又有差事給王近仁做。王近仁那時便猜疑這件事是不合法的，現在華納果然又來了，還攜了一大堆美國人來。他們帶了一罐一罐的甘油，無數巨捲棉紗布，王近仁深信他們要把敦煌壁畫都偷走。

洪業聽了不寒而慄，華納的計畫成功的話，中國最重要的歷史遺址之一就全會被掠劫了。

敦煌在中國西域的絲綢路上，自古以來中國與歐洲間的駱駝隊絡繹不絕。西元四世紀到十世紀之間，一些佛教信徒在甘肅敦煌興建廟宇，而在廟後的窯洞裡雕刻成千的佛像，又繪了數不清的壁畫。十一世紀西藏的部族橫行於這沙漠綠洲上，那些佛教徒忙著逃命，不但遺留下壁畫、雕像，還有無數的錦繡、畫卷、手稿，在被封閉的窯洞裡完美地保存著。這些古物中包括全世界最早，於西元八六八年印刷的書，那是《金剛經》；還有唐宋刊印的經書，以後成為經書校勘很重要的工具；還有不少早期的白話文學，一本中國最早基督教派景教的禮拜手本；以後促進了學者對中國文學與社會歷史的瞭解；更有無數用梵文、突厥文及不少用已失傳的語言寫的文稿。

一九〇七年，在英國殖民地政府服務的一個奧地利人，名叫奧萊爾・斯坦因（Aurel Stein），他從印度數次到中國西北探險，到了敦煌聽說這一帶有一寶庫，充滿著令人不可思議的古代繪畫及文稿。斯坦因找到一個山邊破佛廟，碰見一位姓王的道士，便冒充為玄奘的膜拜人，遠道而來，請王道士帶他去看寶藏。他進窯洞一看，不得了，裡面那些價值連城的古物讓他不能相信自己的眼睛。重重地犒賞王道士之後，斯坦因就把九千多捲繪畫文稿靜悄悄地依原路馱回印度去了，以後捐獻給英國博物館而得了個爵士頭銜。

後來，法國著名漢學家伯希和（Paul Pelliot）讀到斯坦因的報導，也到敦煌去了。伯希和本來在北京法國使節館做事，講得一口流利的中國話，跟中國學人來往頻繁，他又把幾千卷馱走。但他把文卷畫卷運回法國之前，讓中國學者王國維、羅振玉先瀏覽。王、羅兩人看了很震駭，也請別的學者來看，伯希和說等他將這些古物編類後，將影印一份讓中國學者研究，他說敦煌窯洞裡還有，政府得設法把它收來，不然賣古董的人會把它偷光了。

一九一一年，清朝即將被推翻之前，崩潰中的清政府終於派了一名官員去敦煌收集剩餘的八千多卷文畫。那官員在回北京的路上，碰到商人用重金賄賂他，把一些文畫賣出。因為已向北京報告有八千餘卷，只好把一些剪一半賣給商人。洪業的同事容庚有一天在舊書店看到一幅敦煌佛經殘捲，是用漢隸寫的，差不多十三尺長，賣價一塊錢一尺，容庚便和幾個同事分了，洪業也買了一尺。

現在洪業面臨保護敦煌壁畫的重大責任，他吩咐王近仁裝著沒洩密，仍跟華納到敦煌去，第二天自己雇了洋車去見教育部副部長秦汾（號景陽）。秦汾也是北京大學數學教授，他馬上採取行動，打電報到每一個由北京到敦煌途中的省長、縣長、警察長，說不久有一個美國很重要的機構派人來西北考古，請各地官員客氣地對待他們，並加以武裝保護，可是得防備他們損害任何文物。

兩、三天之後，華納到燕大拜訪司徒雷登，司徒雷登早已得到燕大在美國的託管人通知，知道哈佛要派華納來北京，因為哈佛與燕京正在協商合作辦學社。司徒雷登聽聞華納在北京祕密跟政府辦的北京大學聯繫，非常惱怒，華納顯然深感如果哈佛要跟一個中國機構合作才能得到霍爾這份錢的話，他寧可這機構是大名鼎鼎的北京大學，而不願跟這小教會學校的傳教士打交道。司徒雷登雖然心裡不悅，也按照禮儀請華納與哈佛同人吃頓晚飯，洪業和其他教授在座做陪客。飯吃完了還互相敬酒。華納就表示他對中國傳統藝術無限仰慕。洪業也發言，歡迎國外來幫助中國研究古文物的朋友，他說因中國歷年來政局經濟不穩，國人沒機會好好地研究出土的古物，但他認為中國人可勝任研究的古物應留在中國，若中國沒有專家可以研究某些古物，而古物被運到國外去，一定得歸還中國。席上各位酒酣飯飽，對洪業的話也沒有特別留心。

結果哈佛那一批人每到一個地方，就有政府代表歡迎他們，到了敦煌，每個外國人都被兩個警衛彬彬有禮地挾護著，動彈不得。華納本來要雇幾十隻駱駝把贓物馱到印度，壁畫既偷不到手，只好回北京，路過蘭州把大量的甘油及棉紗布捐獻給一個小教會醫院。華納私下告訴王近仁說一定是隊伍中的北京大學代表陳萬里作梗，因為每到一個地方，陳萬里便去拜見地方官，地方官便堅持保護他們。後來華納寫了本書，叫《中國長涉》，書寫得相當好，只是字裡行間處處流露他對中國人輕蔑的態度。書的主要內容是描述他第一次到敦煌去的經過，至於第二次旅程，他僅說：

> 我沒有預料到在短短的七個月裡，中國就會在酣睡中蠢動，打哈欠的動作那麼唬人，讓我們這些外國人都奔忙撤退回大使館去了。當時，在兩個省分之外，春季仍然留連未去。我走在那飛砂走石的路上，怎麼也沒想到重返此地是在炎熱的夏日裡，而且跋涉到敦煌的大門，居然會被摒棄在外。

北京大學的陳萬里不懂英文，他也出版了一本書，叫《西行日記》，其中說他相信有人早知道這些美國人企圖不良。

華納這趟中國行大受損失後，哈佛燕京間的籌劃便沒有他的分了。司徒雷登與多納姆繼續協商。一九二八年正月一日，洪業寫給克勞福德家的信說：

> 兩年多前哈佛與燕京聯合籌備，結果得到一百萬美元，可用以促進對中國文化的研究，現在看來這專款會增多……將以哈佛燕京學社為名……
>
> ……在燕京方面我從開始便參與籌劃。

哈佛燕京學社於該月便在美國麻州立案，託管會的成員有三位哈佛大學的代表，三位燕京大學的代表，三位外人。行政中心將設在哈佛，但主要活動則在燕京。一九二八年一月五日所立的章程表明學社的目標如下：

> 進行及提供關於中國文化，以及（或者）亞洲別處，日本，以及（或者）土耳其與歐洲的巴爾幹半島的文化之研究、講習、出版活動……聘請有適當學術水準的中國人或西方人，從事相當於文理學院研究所水平的探討與教育工作，必要時為幫助學者進入此學社作適當的學術準備，資助中國別的高等學府；探討、發掘、收集及保存文化及古代文物；或資助博物館從事此類工作。

此一章程語意含糊，頗露妥協的鑿痕，但大體來說對司徒雷登則是個重大的勝利。他與同人正設法建立一間一流學府，因此燕京一舉搖身竟成為一個國際漢學中心。哈佛燕京學社撥款讓燕京發展研究院，以訓練其他大學的研究生，包括從哈佛送來研究中國文史的學生。此外燕京畢業生要去哈佛深造也因此開了方便之門。燕京除分享到霍爾遺產裡撥給哈佛燕京學社的四百五十萬美元之外，還負責管理另外一項一百八十萬元的專款，用以資助其他美國人（即基督教會）在中國辦的大學，這自然助長了燕京的勢力，燕京把握了這個機會大放光彩。以後幾十年中，由哈佛燕京學社訓練出來的學人，得該學社的資助而做研究或出版書籍刊物的學人，或因種種原因與燕京有聯繫的學人，形成漢學界一張很顯赫的名單。

哈佛燕京學社新成立時，邀請了幾位傑出的漢學家到劍橋擔任諮詢的工作。伯希和為其中之一，司徒雷登派洪業及燕大美國教授博晨光為代表。可是經過這燦爛的開端後，哈佛方面的活動不多，直到俄國人葉理綏（Serge Elisséeff）三〇年代中葉做社長後才略具規模。葉理綏祖上是俄國大族，是第一個東京大學畢業的西方人，後來移民到法國，投在伯希和門下；他視界遼闊、長袖善舞，社長一直做到一九五六年。他的繼任者是曾為美國駐日大使的賴世和（Edwin O. Reischauer），在他手下哈佛燕京學社加入了日本研究。在葉理綏主政時期，哈佛建立了東亞語言系，在美國大學中算是首創的。

中國共產黨一九四九年取得政權後，於一九五二年解散了燕京大學，而哈佛燕京學社便把很多活動移到臺灣、香港、日本、韓國，至今還資助不少教育機構與研究組織；又資助個別人文與社會科學的研究生，每年還挑選十多個亞洲學人、安排旅費與一年的生活費，讓他們安心在哈佛做研究。它繼續維持在劍橋的哈佛燕京圖書館，此圖書館是公認的亞洲以外最完備的亞洲資料圖書館之一，不少人認為它是獨一無二的。

我們回顧過去八十多年，也許可以說司徒雷登和多納姆為得霍爾遺產巨款而形成的計畫，與霍爾遺囑的本意有出入。我們可想像當霍爾吩咐要把三分之一的財產留給「國外教育用途，包括日本、亞洲大陸、土耳其、歐洲的巴爾幹半島」的時候，他心中想的絕不是一個以研究中國古文物為重心的機構。我們差不多可以肯定地說他希望他的錢可在東歐、中東、遠東提倡現代科技。哈佛燕京學社現在比較廣泛的活動，相信比較接近這位善人的意願。至於該學社現在是否如最初幾十年那麼有成績，影響那麼深遠，就得拭目以待了。

第十三章　二〇年代的哈佛

當漢福德．克勞福德知悉洪業將來美國哈佛任教時，非常高興，寄了兩千美元給洪業，讓他帶家眷從容地繞道歐洲旅行至劍橋。他們遊玩了羅馬、巴黎和倫敦這些洪業在書本上早已熟悉的勝地。

洪業在哈佛的名義是講師，每學期教幾門課，三十五歲的他，涉足於西方的所謂「漢學」可說為時甚晚，那時研究「漢學」的人以美國傳教士及歐洲貴族怪傑居多。也來哈佛參加諮詢的鋼和泰男爵（Baron A. von Stael-Holstein）便是個例子。他對洪業說，他一九二六年到北京是為追尋個梵文不定式動詞。這些西方人研究中國文物，一般要雇個中國人教他們中國話，利用中國人「提供資料」，但認為中國學者缺乏批評與辨識的能力。洪業熟讀的中國經典史籍當然比西方漢學家多，他在中國社會長大，本身就是中國傳統的一部分。但他一來沒有博士學位，二來沒有西方學報式的學術著作，以表現他能駕御西方學者所重視的理論模式與治學方法，所以在歐洲探望知名漢學家時，屢受冷眼。在牛津會見蘇慧廉（William E. Soothill）教授時，那教授特意給他幾個質難問題，見洪業應付裕如後，才對他平等相待。洪業到了哈佛後，感到氣氛融洽，鬆了一口氣。

他到達劍橋，第一件事便是去拜望哈佛校長洛厄爾（Abbott Lowell）。校長不在家。幾天後，洛厄爾先生夫人便爬了三層樓梯到洪家回拜。洪業以後才知做哈佛的講師若無事擅自到校長家做客是很冒昧的。

可是那時哈佛還保留一些小學校的風氣，教員的薪水雖不高，但都付得起錢請傭人，大家來往甚頻。此外，還有一種會社讓不同學系的教授定期相聚，各人宣讀報告自己研究範圍內有趣的問題。歷史系裡還有個週四午餐，由系主任主持。洪業因午餐與一位歷史教授羅伯特·布萊克（Robert Blake）相熟。布萊克也是哈佛燕京學社的託管人之一，一九三〇年洪業建議該學社撥出經費主辦引得叢書，有系統地替中國古代主要典籍編索引，讓現代學者易於查檢，布萊克馬上明瞭這工程的重要性而予以全力支持。

洪業教一門大學本部人數很多的課，叫「一七九三年以來的遠東歷史」，哈佛開這門課已經多年。一七九三年馬戛爾尼爵士（Lord Macartney）代表英王喬治三世到中國覲見乾隆皇帝，要求兩國直接通商並建立正式外交關係。乾隆皇帝答覆中國物產豐盛，不需要外國的東西。近來歷史家都責怪乾隆愚昧高傲，坐失了讓中國趁早與歐美各國平等並立的機會。洪業教這門課時，卻能夠介紹一些重要的中文資料，包括清朝最末的皇帝溥儀遜位後公開的清廷文檔資料，從而對清政府的反應有點解釋。原來英王喬治給乾隆皇帝的函件是用拉丁文寫的，寄往義大利那不勒斯一個天主教學校翻譯成中文。這個學校的宗旨是訓練義國及葡萄牙到中國的傳教士；天主教會不希望英國這外交團成功，助長與它水火不容之新教的勢力，所以那些神父雖然把信翻譯成中文，但另外抄了一份加上附言先呈上清廷，說這些英國人居心不良，不可信賴。英國人說世界各地的殖民地廣受它的福澤，其實它最大的殖民地即美國，剛造反成功而獨立了。那就怪不得清廷對英國人派來的外交使團態度冷漠了。洪業又對學生講當爵士要見中國皇帝那天，他蓄意肅容整裝，神氣十足地率隊上朝，想不到半途狹路上突然跑來一群豬玀，正被趕到屠房待宰，他們被搞得狼狽不堪，學生哄然大笑。

洪業在哈佛的辦公室是在懷德納總圖書館四樓，那時圖書館不如現在嚴格，出入處都設崗位搜查包裹；洪業領了把鑰匙，日夜都可入館瀏覽，圖書館每天派員到教授的辦公室去拾取看完的書。洪業為此圖書館藏書之豐盛完備欣喜欲狂——其中有不少是關於中國近代外交史的新資料，譬如第一次世界大戰後，協約國搜得的德國外交史料，共產黨在蘇共上臺後公開的俄國沙皇檔案，日本新公開的德川時期史料，西方人對太平天國的第一手敘述等等。洪業趕快寫信告訴他在中國研究近代史的友人，如蔣廷黻、簡又文等。他自己也把一篇未經發表的太平天國的詔書出版了。

但所有的書中他最感興趣的是本一八八七年出版的德文書《蝕經》，計算出上自西元前一二〇八年，下及西元二一六一年，三千多年八十個日蝕的日期，以表列出；並細計每蝕的始終，在地球何處可見得到，用圖繪表現出來。當時中國的學者都疑惑於中國古書的記載究竟正不正確，洪業馬上領會到這本書對解決這些歷史大問題是很有用的工具。

洪業對歷史年月日的研究讓他有機會在法國漢學家伯希和面前大展身手。他去旁聽伯希和的課，伯希和談到中國歷史上第一個可用科學方法證實的年代為西元前七七六年，因為《詩經》有一首詩說幽王六年十月辛卯日蝕。洪業不在課堂上糾正伯希和，而在下課後上去跟他說話，請他到洪家吃中國飯。飯後洪業告訴伯希和那首詩說到十月辛卯日蝕，但沒有說是幽王六年。最初說是幽王六年的人是唐朝僧一行，按照德文《蝕經》所說，幽王六年十月辛卯確有個日蝕，但只能在太平洋中央才看得到。伯希和聽了覺得有理，兩人便成了好朋友。一九三七年洪業榮獲法蘭西文學院儒蓮獎，是經伯希和推薦的。

伯希和在漢學家中以治學精細而行文尖刻著名，他在哈佛只逗留了一個學期，走後洪業接替他教中國史料研究方法，堂上只有四個學生。洪業講析《古文尚書》，伯希和對《古文尚書》的真假問題也有著述。洪業指出伯希和《今文尚書》及古文尚書的章節對照表上有個錯誤。學生中的一個詹姆斯．韋爾（James Ware，後取中文名魏魯男）便站起來說：「伯希和從來不會弄錯的。」

洪業駁他說：「我會弄錯，你會弄錯，伯希和也會弄錯。」

第二年韋爾要到法國去深造，走前來找洪業，問可否允許他去問伯希和是否真弄錯了？這學生到了巴黎寫信給洪業，說伯希和果然弄錯了。

洪業與敦煌文物的頭一個掠奪者斯坦因爵士也碰過頭，但彼此不太愉快。哈佛燕京託管人撥出五萬美元讓斯坦因再一度組織採徵隊到中國去蒐集古物，司徒雷登聽說了極力反對，並叫洪業去見斯坦因，勸他不要進行。洪業到斯坦因在劍橋下榻的旅館去和他談了很久，那時斯坦因已成為一個枯槁的老人了，他振振有詞地對洪業說：「洪先生，你年輕不懂，我很早便到中國去了，而且去了多少次，那些中國官員對這些根本不管，我知道怎樣應付他們。」

斯坦因到了中國後，發現一九二九年中國政府官員很多像洪業一樣，是受過西方教育的，的確今非昔比，便改計畫到阿富汗去了。

洪業在一九二九年第一次用英文出版學術著作，是篇書評，評的是賴德烈（Kenneth Scott Latourette）的《基督教在華傳教史》。洪業說該書立論中肯，但沒有充分使用中文有關資料，也忽略了一些法國材料，他後來覺得書評的語調可能太囂張了一點，讓作者一生耿耿於懷。

洪業本來打算只在劍橋住一年，但洪夫人有孕不便旅行，而且洪業第一年過得很愜意便申請延期一年回國。孩子出生後，洪業到醫院看見洪夫人在哭，又是一個女兒，非常失望，然而靄蘭後來成為洪業夫婦最疼愛的女兒。

他們在劍橋那兩年有很多老朋友來訪。紅毛公是好幾家公司的大股東，在百忙之中也跑了幾次劍橋。有一天有個稀客乘了大轎車來，他原來是福州的一個木匠，叫阮傳哲，一九二一年在一艘汽輪上當木匠，經菲律賓來到紐約海港，偷渡上陸到加拿大去，又被逮回紐約。美國移民官找不到和他語言相通的人，因曾聽過洪業演講，打電話給洪業。福州話洪業當然會講，便去替他傳譯，移民官聽了他怎樣來美國很受感動，而且知道他有一技之長，便說如果洪業替他找到擔保人的話，便讓他住下。洪業替他在紐約州北部找到一個退休美國教員做擔保人。他現在來劍橋探望恩人，對洪業說他自別後做了幾年製造家具的木匠，後來到緬因州立大學攻讀造紙化學，現在在麻州西部一家紙廠做化學主任負責研究工作。他從報紙上知悉洪業在劍橋，特意驅車來拜訪。

洪業在美國的活動不限於哈佛校園內，他在美國是個知名的演說家，也樂意有機會為國家出力。一九二九年他曾與余日章等學者在紐約外交政策研究社討論國民政府的得失；他曾幾次與日本宣傳員在會議上辯論，並壓倒對方。除使用邏輯、口才之外，他還很懂得以笑話博取聽眾的共鳴。美國扶輪社全國大會請他演講後，便把他的照片登在國際扶輪社雜誌的封面上。

他也被邀到賓州的匹茲堡去演說，洪業在那兒跟他的美國姊姊璐得相聚。他到了聖路易市去探望克勞福德夫婦，見了他們甚為難過。一九二九年美國股票市場崩盤，他們的家產驟然之間幾乎全部蕩然無存，克勞福德先生染上重病，痛楚只有在彈奏鋼琴時可暫時忘卻。他對洪業說他曾對福州協和大學保證了兩百五十美元，現在週轉不來心裡很不安。洪業叫他不要擔憂，他將用克勞福德的名義寄去。翌年一月，克勞福德先生逝世了，克勞福德夫人從此打不起精神，年尾也辭世了。

洪家回中國取道夏威夷，洪夫人是在夏威夷長大的，而洪業早一年曾接到夏威夷大學的聘書，他雖謝絕了，但對此地也特別留戀。過境時移民局要他們每人，包括三個女兒，各填一份表格，上有「你是共產主義信徒嗎？」「你是無政府主義者嗎？」此類問題；在小靄蘭的表上，洪業在這兩個問題後都答是，移民官質問他時，他說這嬰兒是共產主義信徒，因為她不承認財產權；她也是無政府主義者，因為她不承認任何政府的權力。

洪業這次回國，心情可說甚為順暢，國民黨內戰勝利了，當家的人多半受過新式教育。他很多成志社的弟兄成了大官，對建設一個民主人道的政府寄以厚望。他相信中國的大眾農民是任勞任怨，很有耐心的，他們能在艱苦的環境下，在政治局勢動盪中保持一股信心，相信老天是公平的。這種信心將容許中國慢慢向前進展。洪業一九三〇年用英文寫了一篇文章，介紹中國民間幾百年來很流行的一種木刻版畫，這版畫描了一個人，左手拿著碗，右手拿著筷子，樣子很得意地在吃飯，他全身靠在一個「天」的大字上。這版畫叫「靠天吃飯」。「天」英文可翻譯成上天、自然或神靈。而在中國大眾的腦筋裡，「天」包含了上面所有的意義。天也是在大自然、在人類社會裡平整調和的一股力量。這篇文章裡，洪業說這種在民間代代相傳的版畫，恐怕不久就會被鼓吹生意的廣告牌、迷人的電影明星玉照以及富煽動性的政治傳單所取代。但至此為止，它仍是有碗飯吃、吃得飽便覺得滿足的中國民眾的一個很有力的標誌。

第十四章 新交與舊好

洪業一九三〇年從美國回去，燕京在兩年間有很大的變動。那時北京已改名北平，學校從城裡東坍西塌的校舍遷到西郊風光明媚的校園。燕大在建都於南京的國民政府立了案，並按照政府規定，把文理學院分為文、理、法學院。依教育部規定校長該是中國人。校董會則推選一位老翰林——吳雷川——做校長，但實權仍把握在名為「校務長」的司徒雷登手裡。

洪業回到燕大後不久，便與劉廷芳展開他們友誼史上最後的一場爭鬥。劉廷芳這幾年也馬不停蹄，一九二六年到一九二八年間，他在美國與歐洲各大學演講。一九二八年回到燕京時被聘為哈佛燕京學社的執行幹事，即著手利用該學社的經費，模仿清華與北大，在燕大亦建立了一個國學研究所，並聘請了一些老派學者來做研究工作。洪業一向就反對國學研究這種觀念。他覺得學問應沒有國界，所謂的國學，不能孤芳自賞，而應按學科歸納到各院校。正如不能把歐洲的科學、文學、歷史等等籠統歸入「歐洲學」一樣。而且，洪業深信中國的學問應該讓有現代訓練，有世界常識的人來研究。當洪業在劍橋時，他的得意門生聶崇岐曾寫信徵求他的意見，問他應否申請入此國學研究所，洪業覺得他做中學教員是大材小用，便鼓勵他申請，不料聶崇岐並沒有被錄取，而資格不如他的人反被錄取了。洪業為這件事很生氣，回到燕京後，請聶崇岐到哈佛燕京學社引得編纂處做編輯，而且立意解散國學研究所；劉廷芳這時已捲入政治漩渦，在這件事上鬥不過洪業，不久辭了哈佛燕京學社執行幹事的職位，一九三六年離開燕京到南京當立法委員去了。

洪業與司徒雷登倒保持了密切的友誼，兩人常步行到西山，回程時便在溫泉歇下，花點小錢，租個私人房在兩尺多深的硫磺水泡，水潺潺從一邊流進來，再從另一邊流出去。他們各自口銜煙斗，面對面在溫泉泡著，背靠粗糙的水泥牆輕輕刮著，在硫磺蒸氣和煙霧裡評人說事。

洪業這次回燕京，就一直到一九四六年才離開，連日據那幾年再算進去一共十六年，本打算死心塌地，做到鞠躬盡瘁了。他的職位是歷史學教授，研究院文科主任和導師，哈佛燕京學社引得編纂處處長；一九四〇年也兼任哈佛燕京學社執行幹事。次年日軍便占據了校園，解散了燕大；一九四五年燕大復校後又繼任原職，第二年離國時辭職。

洪業繼續當燕京圖書館委員會委員長，不但對燕京圖書館藏書出力甚多，對哈佛大學的東亞藏書也很有貢獻。他請負責哈佛大學東亞藏書的裘開明到燕大整頓圖書館。以後替燕大圖書館買中文、日文或韓文的書時，也替哈佛買一份。碰上善本書，因為哈佛錢比較多，便替哈佛買了，而影印一份給燕大收藏。有研究價值而市上買不到的書，他則千方百計借來影印，一份給燕大，一份給哈佛。洪業說他不是「愛書人」，因為如果善本書有便宜的複製本的話，他一定買複製本。

正當洪業許多朋友在國民政府官祿高昇、青雲直上時，他卻遠離了他們。他有一次到南京去看他三弟洪紳，有個朋友對他說當財政部長的孔祥熙怪他到南京不去看孔。洪業說：「我不去看他對他是有好處的，我如果去看他，他辦公室外面一定坐滿了人。他先見了老朋友，對他不利，對我也不利。人家看見我去看他那麼有勢力的人物，就會請我寫信求這個、求那個，麻煩極了。我的信來了，他也沒辦法，不回嘛，怕見怪；回嘛，薦幾百個人之中也許能用一、兩個，別的你怎麼辦？」

洪業這時期來往最頻的朋友反而是個不肯在二十世紀落根的人——鄧之誠（字文如）。他有個姨太太，謠傳還抽鴉片煙。他雖早年參加推翻清政府的革命運動，但在意識形態上非常保守。他博學多聞，記憶力驚人，對時事的年、月、日，如數家珍；談到經書，往往記得這段是在某卷某頁。後來著有《中華二千年史》。鄧在北京大學教書多年，二〇年代後期因北大經費短絀，教職員薪水一欠就是幾個月，燕京大學趁機會拉攏到不少北大教授，鄧之誠也到燕大來了。他很瞧不起留學生，說他們中國的靈魂沒有了。他最討厭胡適，在課堂上問學生：「喂，有個從美國回來叫胡適的，你們知不知道？」接著大大搖頭嘆息說：「這人要不得，要不得！」可是他這態度也許不全是當真的，有人問他洪煨蓮也是留學生，你怎麼總跟他在一起。鄧之誠答說他是「例外」。

每星期五早上，鄧之誠便乘自備包車到洪寓。他身穿長袍，手攜著拐杖，覺得自己是讀書人身分，雖家離洪寓才五分鐘路程也不屑走路來。在洪家吃過午飯後，又與洪業談到吃晚飯前才走。他生長在雲南，喜歡吃法國煙捲，整天咳嗽，走後留下一大盤臭煙糞。洪業長女靄蓮很厭惡他，跟女傭人學了個迷信法子，說客人來了要他走就把掃帚倒放，卻不靈。洪業與他交談吸收了不少寶貴的學問。鄧之誠一九六〇年死後，洪業寫了一首〈哭鄧之誠文如〉，有這幾句：

昔賢未輕許，時流更自憎。
素厭留學生，顧我為例外。

洪家在燕南園五十四號的住宅是洪業自己設計的，他的書房另設門戶，以便來訪的學生不必經過客廳。客、飯廳之間有活動壁，請客時拿下來可擺坐得下二、三十人的餐桌。外面園子有一個亭子，亭前栽了兩棵藤蘿，每年五月藤蘿花盛開時，洪業與鄧之誠請了些喜歡吟詩賦句的老先生來一起開藤蘿花會，飲酒做詩，延續著中國讀書人自古以來愛好的雅事。

一九三一年洪業在幾個月內收到好幾份包裹，上面沒有寄信人地址，打開裡面全是俄文書籍。一個秋夜，洪業獨自在書房裡工作，聽到有人敲擊玻璃窗，抬頭見有張臉貼在窗上，洪業吃了一驚，再仔細看看，原來是他的學生張文理，便開門讓他進來。當年洪業到哈佛時果然帶了張文理去，讓他如願以償跟托馬斯．卡佛教授念書，卡佛告訴洪業張文理是他在哈佛教書多年最有天分的學生。他在哈佛一年後，卡佛推薦他到美國農業部做諮詢顧問，讓他有機會到美國各處蒐集農業資料，比較各種耕種方法。張文理一九三〇年初夏先到劍橋去和洪業告別，才到歐洲去。他計畫到大英博物館看馬克思《資本論》的手稿，然後到丹麥去考察那裡的農村合作社，以後洪業就沒有他的消息了。

現在張文理告訴洪業他在丹麥時有個蘇聯特務員來找他，因為蘇聯政府知道張文理熟悉美國南方栽植棉花的方法，邀他到蘇聯幫忙栽棉花。張文理在蘇聯各地化驗土壤數月之久，政府派了個翻譯員給他使用，並酬以厚金；張文理因薪水花不完，便買了很多書籍寄回北京的洪寓。他在烏克蘭找到了生長棉花的適當氣候及土壤，蘇聯政府又請他組織棉花農場。待農場成功在望了，政府調了個很漂亮的女人來教他俄文。張文理看情況知道蘇聯政府想留他，在往西伯利亞的旅程上偷偷溜走，白日躲匿，晚上步行，千辛萬苦回到中國，到達北平時錢已用完，東西也賣盡了。

洪業讓張文理吃頓飽飯，梳洗過了歇下，才問他有什麼打算？張文理說他還是堅信中國農村應該革命，但他想在北平先逗留一個時期，腦子搞清楚這革命應該如何進行，才回福建去。

張文理在洪寓住了四個月，把自己的理想整理為若干政治、經濟、教育的原則，稱之為「生產主義」，揉合了孟子、耶穌、林肯、列寧及東歐保加利亞農民革命家亞歷山大・斯坦姆鮑利斯基（Aleksendr Stambolisky, 1879-1923）的思想。他相信要使混亂的中國成為世界強國，需要的是社會主義的專制政府，可是這政府不要建立在馬克思的思想上，而是建立於人道主義上。「生產主義」經洪業略修飾後，匿名印刷成小冊子，流傳於北平學術界他們的小圈子。有些人看了這小冊子對洪業說這東西太枯燥了，要引起廣泛反應的話，最好把它寫成烏托邦小說。洪業笑答他要是流落在沙漠上，遠離人群書籍，必定寫這麼一本書來消磨時間。洪業命數沒有流落沙漠的機緣，後來卻被日軍關在牢中將近四個多月，洪業在牢中便展開想像，構思這麼一本小說，使得自己在那段艱難的經歷中沒有瘋掉。那時張文理早已南下，抱著他的理想去與殘酷的政治現實奮鬥。

一九三〇年代的世界經濟恐慌對中國當時還相當封閉的社會影響並不大。對洪業個人來說，哈佛燕京學社引得編纂處因美方經費萎縮而大幅削減了。同時美國股票市場崩潰，企業利潤受損，他的朋友紅毛公也因而來中國玩了一趟。

洪業一九三三年收到紅毛公的一通電報，說他那年夏季來華，請洪業替他安排節目。洪業正詫異紅毛公哪來那麼多空閒，紅毛公四月就不聲不響到了北京。他說他所有的生意都停頓了，手中多半的股票一文不值，而被若干合夥人起訴，若失訟可能要賠兩千多萬元，他的律師叫他暫時離國，所以他打算在中國住六個多月。這使洪業很為難，要他做紅毛公的導遊，他自然十二分樂意，但學年還有兩個月才結束，這期間對這充滿活力、坐立不安的友人如何安排呢？他突發奇想，告訴紅毛公既來了中國，何不趁機吸收些中國瓷器的學問，開始收藏瓷器，紅毛公說這主意好，便叫洪業從圖書館借書來看，他英文、法文、德文都懂，很快便決意收集有碎裂花紋的瓷器，那時這類瓷器還沒受到很多人的賞識，價錢不高。

於是洪夫人帶紅毛公去北平各古董店溜達，但她不久便發覺紅毛公不需要她服務，他對討價還價的藝術精通得很。他個子矮胖、容貌慈祥，活像個菩薩，又有些令人發噱的把戲，商人們一看到他先就眉開眼笑。洪夫人告訴洪業說，一天和紅毛公在路上走時，有個女乞丐把籃子推到這和藹的外國人臉前，紅毛公忙說：「不要，不要，我用不著這些錢，謝謝你。」那女乞丐硬是纏著，紅毛公便裝著他推卻不了，從籃子拿起幾個銅錢，十分誇張地向那個乞丐道謝，引得圍著看熱鬧的人哄笑起來。他把在美國大企業董事會室鍛鍊出來的協議手段在北平使用到買古董上，用兩千美元就蒐集到一批很可觀的古瓷器，跟寄回美國的運費差不了多少。

學年結束後，洪業帶著紅毛公還有七個學生到山西、陝西、河南、山東作了次很有趣的旅行。他們背著鋪蓋，沿途在老式的旅館或人家的牛棚過夜。中國內地有很多地方在這近一百年內受動亂波及得很輕微。新娘子還是乘著紅轎子到婆家，只是以前宣布新郎是生員的牌子現在改說他是某縣立小學的畢業生。一般村落的居民對外面世界充滿著好奇，他們問的問題顯示他們與外界的隔離。有個人問洪業美國人皮膚比中國人白皙，原因是不是美國人喝牛奶，中國人喝茶？有一次他們到了個地方想買報紙，有人去找了些報紙來，有英文的，有法文的，都是好幾年前的舊報紙。

在山西的一個晚上，他們八點多鐘才走到一個村落，夏季天還沒黑，全村人卻都已上床了，但話傳開說有一隊人從北京來，內有一個教授及一個外國人，大家都趕忙起來舉著火把圍著這些人。問有什麼可吃的，都答沒有。洪業就問：

「有沒有雞蛋呢？」

「啊，你們也吃雞蛋呀？雞蛋當然有。」

洪業拿出一塊錢，在北京可買一百二十個雞蛋的。過了幾分鐘，兩人就肩挑著一大籃雞蛋來，放在洪業跟前。洪業看了吃了一驚，問：

「裡頭有多少雞蛋呀？」

一共有四百個！那晚全村人就圍著看他們吃雞蛋。

他們在山西沒到達太谷以前，經過百萬村，村裡有很多規模雄偉的大住宅。這是自明朝起便很有勢力的山西錢莊商人的老宅，這些年來錢莊被西式銀行排擠了，這些老宅多半也都破爛失修。洪業在舊書攤上撿到一本元朝棋譜；在太谷城隍廟看到一個石碑，這碑上說太谷知縣陳履和帶領百萬村主戶到城隍廟宣誓，不抽鴉片，也不讓子弟抽鴉片。這比鴉片戰爭早許多年，可見那地方的人有先見之明。那時洪業正整理崔述的一些遺稿出版，這陳履和就是傾一生之財力為崔述刻書出版著作的人，洪業在太谷見到他的名字，感覺上像碰見老朋友一樣。

到了山西省太原，因交通不方便，去謁見山西省主席閻錫山借大客車。閻錫山自清末便在山西做小皇帝，人稱他是不倒翁。他的衙門戒備森嚴，他們一夥人走過六、七道門，每個門口都立著手提機關槍的衛兵。見到閻錫山，省主席為他們擺了酒席而且喜歡紅毛公，問他中國名字是什麼？洪業說是唐恩伯，閻錫山就叫祕書寫了聘書，當場聘紅毛公為山西省義務顧問，並把大客車借給他們用。

這期間中國戰事頻頻，國民政府算是鎮壓了軍閥，隨即與共產黨展開一場生死鬥，日本人則在北方趁中國沒有強大的中央政府時，拚命吞噬中國領土。他們一九三一年已控制了東北，一九三五年國民政府為爭取時間，與日本訂了祕密條約，把軍隊撤出華北。華北成了「自治區」，變為「緩衝地帶」。北平的學生知道政府不打日本人而打共產黨都非常憤怒，要示威抗議。這時洪業已經不參與校政，但深為他的朋友陸志韋難過。

陸志韋從一九三四年到一九三七年做代理校長，他是芝加哥大學的心理學博士，是個敢說敢為的才子。洪業一九七六年提到陸志韋，說他：「嫉惡如仇，沒有妥協的餘地，這樣的人承負了很大的重擔；共產主義作風磊落，對他很有魅力，就是這原因，他後來受那麼多苦，這也是個原因。」

一九三五年十二月九日，學生遊行示威時，在燕京的組織者是陳絜（矩孫），他是溥儀皇帝的老師陳寶琛的孫子，也叫陳胖子、陳腐敗。因為他不穿洋服，身上長年是絲綢，腳上是緞子鞋，包了個人力車，在學校以人力車代步；但他也是共產黨員。十二月八日那天，陳絜去看陸志韋，向學校借大客車，陸志韋就說學校財產是美國人的，美國中立，大客車不能在遊行時用。那天下午學生大會，王汝梅（黃華）說現在燕京校長也算漢奸，這樣的人該殺，陸志韋聽到就說：「殺就殺吧，這樣死是很榮耀的事。」但陸夫人嚇壞了，打電話給洪業商量，洪業把陳絜找來，陳絜對洪業說：「你叫她不要慌，我們這樣不過要嚇唬他而已。」

那天晚上，學生就到每家去要大手巾，準備第二天流血。第二天天氣寒冷，才十度，學生步行到西直門城牆，被警察截住了，不讓他們和城裡的人匯集。此後燕京和清華的學生罷課罷了兩個月。那時平津衛戍司令是宋哲元，學生以為他跟日本人合作，罵他反對他很厲害，他不敢對燕京大學動手，卻派了三千士兵包圍清華大學，在裡面抓共產黨。學生中的共產黨員哪裡抓得到？比跳蚤還厲害，一跳就跳走了。清華工學院院長是顧毓琇，年輕漂亮，雖是麻省理工學院的博士，念工程的，但卻會作詩填詞；兵來了，他很生氣，夏天穿了白法蘭絨西裝去跟士兵講理。中國有句老話：「秀才遇見兵，有理說不清。」正是這樣，軍官以為他是學生，不知道他是院長，一看到他就啪地打了兩巴掌，令全學界譁然。

宋哲元雖是武人，但很好名，而且器重學者，這件事鬧開了，心中很難過。有一天下午我在樓上睡覺，靄梅跑上來，拿了一個大片子，上面有宋哲元三個字，我趕快下樓。他微服出訪，穿著很粗的藍布大褂來，頭一句就問：「洪先生，我知道你是個明白事理的人，你看我這個人，是不是一個漢奸？」

我說：「你怎麼會做漢奸？外面學生亂罵，你不要為這事情介意，他們是年輕人，你們大兵不該這麼做。大家不罵大兵，因為不知道他們姓什麼名什麼，當然罵你，我知道你是忠心耿耿的。」

「你怎麼知道？」

我說：「擺著看，你是不得已的，你在這地方，不幹的話，漢奸很多，隨便叫一個來都可以。」

他說：「沒想到你老先生還是我的知己。」

他又說現在真要打起來沒辦法的，要保存實力，準備以後算賬。他一出去，我看到外面巡警在巷子兩邊排大隊。

宋哲元說了一句話，後來成了名言。和日本打起來時他說：「我雖然姓『宋』，可是絕不肯把國家『送』給別人。」哈哈——我平生就見過他這一面。

洪業不贊同學生們正面衝突的政治手段，他理想中的模範愛國者是捷克共和國的創立人托馬斯·馬薩里克（Thomas Masaryk, 1850-1937）。洪業經克勞福德夫婦介紹與馬薩里克的兒子曾有一面之緣；洪業欽佩馬薩里克在熱烈地為他國家的自由而奮鬥時，從不忘真理，從不扭曲是非。洪業深信馬薩里克所以能成功，是因為他透徹地瞭解政治局勢。洪業鼓勵學生們學習馬薩里克，不意氣用事，而靠理智策劃取勝。

正這時候，洪業在福州教中學的四弟洪綬突然食物中毒去世，洪夫人南下幫忙治喪。洪綬留下了太太、一個女兒，還有個遺腹子。洪夫人幫忙他太太進入師範大學，以便日後有謀生之道。孩子生下來後，她寫信給洪業求大伯取名，洪業提議叫這孩子「慰」，希望這侄兒成為弟婦的安慰。

洪綬過世後，洪業更覺得光陰易逝，兄弟之情可貴，五弟洪紱從法國學成回國後就一直在清華教書，但三弟洪紳留美後在南京替國民政府做工程師，生活相當清苦。洪業勸他請半年假，安排他到清華教書。那幾個月間三兄弟在一塊兒，可說是洪業一生中最愉快的一段。

一九三六年十二月十二日，張學良，即一九二八年被日本人暗殺的軍閥張作霖的兒子，在西安把蔣介石擄了，要他和共產黨合作，一同抵抗日本。洪業那天和他三弟洪紳在琉璃廠逛了一天搜尋硯臺。洪業收藏了好些硯臺，準備退休時把硯臺分送給學生，就像和尚傳缽一樣。吃完飯後，洪紳拿了個新買的硯臺，舉起來靠燈細看，電話響了，洪業去接電話：「什麼？蔣介石被抓了？張學良怎麼這樣鬧事？」

洪紳聽了一半，沒聽另一半，在驚愕中鬆了手，硯臺掉到地上破了一角。他們第二天找了個匠工把硯臺黏好，但裂痕還是很明顯。洪紳說把這東西扔了吧，但洪業提議他們把硯臺留下，請個刻字先生在硯臺後刻「驚墜硯」三字，加上日期及驚墜的緣故，作為紀念。

第十五章 全身投入學術

洪業從美國回去並自學校行政退下來後的那短短十年中，學術著作的分量相當驚人。一九六三年《哈佛亞洲學報》刊登了他的著作表，這著作表雖不全，也列了這時期完成的四十一種著作。其中大半用中文寫，也有英文的。此外，他創辦的哈佛燕京學社引得編纂處出版的一系列參考書，可說是二十世紀上半葉研究中國文化最重要的參考書之一。這個系列把中國最主要的經書史籍有系統地重新校刊，用現代眼光加以詁評，並編以引得（索引）。如果我們說這些引得在中國研究古籍的學術上創立了新紀元，可能也不算誇大其詞，因為有了這些引得，討論中國人物、典章、制度，不能再含含糊糊，必須指明其出處。有了這些相互參照的工具，無數歷史上的字義、日期、地點，都得以澄清，掃除了多少千百年來的腐迂垢穢，提高了「歷史真理」的標準。

關於引得編纂處的創立經過，處理古籍的方法，洪業另有著作敘述。曾參與此工程的王鍾翰、聶崇岐、容媛，都有專文介紹。在此之前，也有人替中國古籍編過索引，但零零星星，良莠不齊，不像引得編纂處做得那麼有系統且嚴謹。

引得編纂處整理了十三經中的十二經，惟獨沒有《尚書》，顧頡剛的《尚書通檢》另由燕大出版。因為顧雖贊同編纂處的宗旨，但不願意用洪業「引得」這兩個字，也不喜歡洪業的「中國庋擷檢字法」，但他用的是引得編纂處的人，體例也按照引得編纂處的慣例。十三經中《儀禮》、《禮記》及《春秋經傳》的引得序都是由洪業親自寫的；《論語》及《孟子》的引得序則由聶崇岐寫。

引得編纂處也整理了二十四史裡的四史：《史記》、《漢書》、《後漢書》、《三國志》，概括了中國遠古到西元二五〇年的歷史。另外還出版了二十四史綜合藝文志（書目）及食貨志（經濟）的引得。

先秦諸子中則編引了《莊子》、《墨子》、《荀子》三子。《莊子引得》印好後日軍即占據燕大校園，這一版全毀了。幸好碰上有人把一本先帶走，得以保存，於一九四七年重刊。

引得中有十五種是關乎人名、字號、傳記的。中國古代讀書人有名、有字、有號；通常這些字、號還有好幾個，同名同姓的人也不少，查起來很麻煩，很容易張冠李戴，有了這些綜合引得，再與前四史的人名引得合起來，可說把自古到清末所有名見經傳的人差不多都囊括了。

關於書目，引得編纂處除《藝文志二十種綜合引得》外，還有《四庫全書總目及未收書目引得》、《明代敕書考附引得》、《藏書紀事詩引得》及各經書所引的書的引得，根據這些工具書，古代書籍什麼朝代出現，什麼朝代佚失，便有線索可尋。編纂處還出版了《佛藏子目引得》和《道藏子目引得》，以收佛老書目。

其他還有《世說新語》、《太平廣記》、《水經注》、《太平御覽》、《白虎通》、《杜詩》等等引得，一共六十四種八十一冊。《韓非子》、《晉書》、《清史稿》、《宋人文集篇目綜合引得》，都已開始進行，可惜沒有完成。

這一系列參考書不但為學者研究古籍大開了方便之門，還提供了可靠、正確而有標點符號的版本給讀者使用。引得序中對古籍本身的價值、傳遞的歷史及各版本的好壞往往有精闢的創見。對受新式教育的現代中國讀書人來說，因對經史的認識不深，有這些引得序指引便極有幫助。

總括來說，引得編纂處從一九三〇年秋至一九五〇年有二十多年歷史，但因中國內憂外患，只有頭十年是在理想的環境下進行，動員不過十人左右。頭兩年的經費為六千美元，後來美國經濟萎縮，引得編纂處的經費也被削減至四千美元。如果給予更多的時間和財力的話，引得編纂處應該還有什麼計畫呢？一九七九年筆者向洪業提這問題時，他說他後悔沒有編一部歷代政府機關及官職的綜合引得，以幫助學者明瞭各朝代制度及官職的演變；也後悔沒編一部綜合地名引得，用以研究各地方歷史的名稱、範圍的伸縮，以及地理的變遷。我們相信要是時間充裕的話，二十四史及《清史稿》的引得，一定會全部出版。王鍾翰在〈洪煨蓮先生與引得編纂處〉(《學林漫錄》八集)一文中說,一九四八年他離開美國回燕大兼代編纂處副主任時,洪業對他說,《清史稿》、《清實錄》及《東華錄》應參照合編成一部綜合引得。

洪業把引得編纂處的成績,大半歸功於他兩位學生,編纂方面由聶崇岐負責。聶為人耿直,博聞強識,辦事說一不二,有「鐵面御史」之稱;事務方面由李書春負責,李長袖善舞,很能開源節流,他特地到一家印刷公司去學習一年,以效率最高的方法來經營管理引得編纂處的排印事宜。在他組織的制度下,排印工人可直接從卡片排字成書,不必經過抄寫,省卻了許多金錢時間,還減少了許多發生錯誤的可能。引得處除正規員工外,不時也有學生自願加入工作,因為編纂處的工作是很好的學術經驗。

洪業在課堂上隨時留意可栽培做歷史工作的學生。他要求學生頭腦清楚,而且有作學術探討所需的獨立精神。發現這樣的學生他便刻意加以獎勵,教他們怎樣抓住學術問題的要點,不受細節的困惑,大膽地作假設,再試試看假設禁不禁得起考驗;並怎樣有條理地、有說服力地提供結論。洪業嚴格要求他的學生用第一手材料,出處必須一一備注。對特別可造就的學生,洪業則鼓勵他們學習外語,幫助他們出國深造。他的目標是培養一群具世界觀的中國歷史家,寄望這新一代的學者能對龐大的中國文化遺產有所發現,把該保存的東西保存下來。

據劉子健〈洪業先生:少為人知的史家和教育家〉(《歷史月刊》第十七期)回憶,他培養歷史人才是很有計畫的，主要是斷代史。他鼓勵學生中鄭德坤研究考古，齊思和研究春秋戰國，瞿同祖研究漢代，周一良研究魏晉六朝，杜洽研究唐代，馮家昇研究遼代，聶崇岐研究宋代，翁獨健研究元代，王伊同研究明代，房兆楹、杜聯喆夫婦和王鍾翰研究清代。此外，他還栽培了治佛教史的陳觀勝，治方志的朱士嘉，治海上交通史的張天澤，治歷史地理的侯仁之和譚其驤，以及研究各種制度的鄧嗣禹。這些學生後來對重估中國文化都很有貢獻。

翁獨健是洪業發掘出的學生之一。翁是福建人，福州英華書院畢業，洪業的母校鶴齡英華書院即此校的前身。翁孩提時因小兒痲痹症成了跛子，走路一蹺一拐的。他學會了講日語、英語，還會讀蒙古文、法文、德文、俄文和滿文。他很崇拜洪業，也學了洪業抽煙斗，所以同學們笑他是「洪煨蓮第二」。洪業叫他看他以前哈佛學生韋爾（魏魯男，James Ware）寫的一篇文稿，翁加以修正，洪業看他改的地方改得很好，便派他整理《道藏子目引得》，並且暗暗地寫信到哈佛燕京學社推薦他到哈佛深造。那時韋爾已在哈佛執教，他也請韋爾幫忙說幾句話。當哈佛來電接受翁時，洪業笑著把電報交給翁，翁不敢置信：

「你為這件事奔走怎麼一點都沒讓我知道呢？」

「我恐怕事不成。」洪業大笑說，他看著翁驚喜欲狂的神態，深深回味起自己年輕時突然得知要到美國留學的欣喜心情。

洪業訓練未來歷史學家最主要的工具是他的「歷史方法」課，他請了一個圖書館小職員每星期天到市場去買廢紙，這些廢紙中有日曆、藥方、黃色讀物、符咒等等，由不識字的販子一大包一大包地賣給商人包東西。洪業把這些廢紙包和別處撿來的紙堆存在圖書館天花板及頂蓋之間的空隙裡，這些爛紙後來多了，連附近化學大樓及生物地理大樓天花板上的空間也占據了。每星期三下午，洪業帶了為數不超過十人的學生，在紙堆裡掘寶，並備了個臉盆洗手。他們一張一張看，這紙上寫的是什麼，是何時何地來的？看到有歷史價值的東西，洪業便鼓勵學生在《大公報史地週刊》發表。每次從下午三點鐘做到六點鐘。做完了洪業不是帶他們回家吃飯，就是帶他們到校園外「長三」吃，興致來時，吃完了再回圖書館撿破爛。

《大公報史地週刊》由燕大和清華的師生輪流負責，《大公報》主編那時是張季鸞，根據洪業的記憶，每期給一百元，而投稿人稿酬每千字大概分得五元，年尾結賬後剩了錢，清華燕京義務編週刊的人便一起出去把它吃掉。有一年到厚德福去，主要是吃熊掌。熊掌是很貴的東西，因得浸泡一段時間才能烹調，所以要一星期前預訂。他們要了兩張大圓桌，各坐了十來個人。沒想到碰巧張季鸞也帶了員工從天津來在隔壁房間宴會，張便過來和洪業聊天，談了一陣子洪業問：

「熊掌怎麼還沒來呢？」

同桌的人說：「你吃過了還不知道呀！」

洪業懊悔得很，一生第一次有機會吃這東西，顧著講話居然食不知味。張便對他說其實味道跟一般肉食無二，並叫跑堂拿盆熊掌給洪業看，醜極了，洪業心想要是先看了恐怕就吃不下去了。

他們在破紙堆裡找到不少有價值的東西，有一次發現一些清朝檔案，交回政府了。另有一次看到一張用小楷寫的長信，竟然是革命黨人劉師培（一八八四—一九一九）早年寫給清官端方的信，他自告奮勇要為清廷偵察革命黨活動，洪業把此信也在《大公報》發表了，結果引得國民黨派人來說話，叫洪業以後不要發表這種東西。

洪業在舊紙堆裡還找到一部詩集——《知非集》——是崔述（一七四〇—一八一六）的遺稿。崔述是清朝一個很有學問的人，他帶著懷疑的態度讀書，只相信可證實的歷史資料，於是揭發了許多歷史偽件。可惜他一生貧苦，與其他學者接觸很少，所以他許多發現不被人知。只有太谷知縣陳履和，與他萍水相逢，有過一面之緣，看了崔的著作知其不凡，於是傾家蕩產，費了畢生精力為崔述的作品鋟版成書。崔述寫完了一篇文稿，託朋友遠途交給陳後，往往又追信來有所增改，讓刻這些書的工程難上加難。陳履和在崔述去世後十年也死了。死時崔述的作品才刻了大半，其餘的分散了。以後崔述在中國寂寂無聞，有些作品卻在日本流傳著，胡適偶然看見了，寫了本《科學的古史家崔述》，才引起學界對崔述的注意。

一九三一年三月，洪業把這《知非集》作了跋，影印了；也在《史學年報》發表了一篇

〈崔東壁書版本表〉。該年四月，洪業與顧頡剛、容庚、鄭德坤等到河北大名崔述故里訪問，原因是有人發現崔述夫人成靜蘭詩集《二餘集》，寄了給顧頡剛，他們要去看崔東壁還有沒有後人，有沒有舊稿子在大名。到了大名，見了崔述目不識丁做粗工的孫子，又去看了崔述替他弟弟寫的墓誌銘，筆跡果然與洪業發現的手稿一樣。

洪業這段時期的著作以考證居多，他做這種歷史偵探工作的功夫是很驚人的。以〈考利瑪竇的世界地圖〉一文為例，長達數萬言，引用了無數中文、拉丁文、義大利文、法文、英文、日文的零殘史料，利瑪竇萬曆年間的八幅地圖，疑其刻者李保羅就是李應試，刻時在萬曆三十年與三十四年之間。洪業發表此文後第二年，日人鮎澤信太郎在韓國得見一地圖，印證刻者果為李應試。在此文中，洪業還探討利瑪竇（一五五二—一六一〇）在中國出版這些世界地圖後，閉關自守的中國人的世界觀曾否受其影響而稍微地擴大，他的結論是不幸沒有。

洪業寫的〈禮記引得序〉贏得法蘭西文學院的讚賞，榮獲一九三七年度的儒蓮獎（Prix Stanislas Julien）。但很多學者卻認為洪業〈春秋經傳引得序〉一文更優異。此文討論《春秋》、《公羊》、《穀梁》、《左傳》的可靠性、出現的日期、作者、各版本的關係；一九三七年七月，日本飛機轟炸北平西郊軍營時，洪業正要結束此文，那幾天炮聲隆隆，洪家的房子整日震顫著，玻璃窗不斷破裂。但洪業決意不理這些干擾，專心著作，證實《春秋》的確是當時的史錄，不是憑空偽撰的，因為《春秋》提到三十七個日蝕中，有三十個根據現代天文學家算出來是正確的，其他七個中有三個若不改年日改月，也可得印證；有四個若改年，或改日也可得印證。可見《春秋》因傳抄時也許有訛誤，但大體來說所記錄的事情都是史實。一些清末民初的學者說它是東漢人（二五—二二〇）偽造的，全錯了。洪曦若還在的話，一定會為他的長子替傳統儒家學說打了這場勝仗喝采。

哈佛燕京學社引得編纂處出版的唯一純文藝的作品是《杜詩引得》，這顯然與洪業自己的愛好有關。洪業十四歲時，他的父親給他一本《杜詩鏡銓》，告訴他：「不但杜甫如何作詩是可學的，而且杜甫如何做人也是可學的。」洪業當時雖依照他父親的意思，把杜甫一千四百多首詩和三十多篇文，逐句讀完，但始終覺得難懂，不如李白、白居易有趣。他父親就對他說：「讀李詩、白詩，好比吃荔枝、吃香蕉，誰都會馬上欣賞其香味。讀杜詩好像吃橄欖，嚼檳榔，時間愈長愈好，愈咀嚼愈有味。」

洪業三十出頭渡過洋回國教書時，覺得自己對人世的酸甜苦辣嘗得多了，對杜詩有新的領會，購買圖書時，漸漸收羅杜集，也從此發現有不少版本與文字的問題，一般杜詩編排的先後也有問題，詩句的注解更有不少問題。《杜詩引得》的長序是洪業自己寫的，解決了許多上述的問題。他認為自己研究杜甫這時候「火候」夠了。第一，得力於錢謙益等前人的努力；第二，他掌握了引得圖表等工具；第三，他參閱過日法英美德義學者的翻譯討論，這些外國學人雖然因語言的隔閡常犯可笑的錯誤，但因為不受中國傳統思想的拘束，常有新的啟發。

洪業不斷研究杜詩，後來用英文寫了一本《杜甫：中國最偉大的詩人》，一九五二年由哈佛大學出版，被歐美及日本研究杜甫的學者奉為圭臬。

洪業再回國後全力投注於學術工作，可以說是響應梁啟超與胡適「整理國故」的呼籲。他加入了顧頡剛、錢穆、傅斯年等人的行列，把中國幾千年來累積的知識，暴露於二十世紀刺目的理性光芒之下。當時不少人抨擊他們，國家快要亡了，而且民不聊生，餓殍滿地，他們還閉門在舊東西上花心思，簡直是逃避現實。在那種情況下，他們應否埋頭做那些事姑且別論，但卻做得很及時。二十世紀二〇年代到三〇年代初期在中國近代史上畢竟還算是平靜的時期，不久中國就與日本展開生死搏鬥，接著是讓人民疲於奔命的內戰，以及一連串很傷元氣的政治運動，再平靜點下來時，一整代的知識分子死的死了，倖存的工作能力也大為削減。

暴風驟雨來臨之前，洪業這一代學人完成的工作是很可觀的。他們既受過傳統的教育，又經過現代的科學訓練，可說是前無古人，後無來者。他們的重大貢獻之一是把主要的古籍都加了標點符號。沒有標點符號，今天的讀者對密密麻麻一頁頁白紙黑字，斷句都會有困難，很多中國歷史文化的遺產就無從下手了。隨著時間的流逝，洪業這一代學人耳詳目熟的傳統中國社會一天比一天更遠離我們，而他們對自古以來一切文獻實物的見解就愈為寶貴，將來世世代代都更得依賴他們建築的這些學術橋梁。

第十六章 出入敵區

日軍占據了北平，不久便在華北華中各設立了傀儡政府。在中國北部日軍勢力範圍之外，共產黨到處組織了有紀律的游擊隊；國民政府則在南部繼續抗戰。這種情況由一九三七年到一九四五年持續了八年之久。

頭四年，珍珠港事變之前，燕京大學在這環境下有個令人羨慕的特殊地位。華北別的大學跟國民政府撤退到西南內地，成千上萬的教授與學生背著書、實驗儀器、鋪蓋，一起翻山越嶺去了。而燕京卻升起美國旗，因日本暫時不想觸犯美國，日軍便對燕大裹足不前（除燕大外，北平還有三家大學：輔仁、中法與中國大學以其特殊的政治地位得以苟全）。司徒雷登公開領導燕京，對日軍採敬而遠之的態度，日軍非在特別安排下不准進校園。當日軍要求燕大收日本學生時，司徒雷登則表示日本學生入學考試上成績不夠好，倒聘請了一位日本教授，中日學人都很欽佩的考古學家鳥居龍藏來教書。然而燕京要保持在政治軍事漩渦之外是不容易的。燕大多數的教授學生都參與反日活動，司徒雷登勸他們活動不要在校內進行，同時鼓勵不聽從的員生到後方去。他與日軍交涉中，很得力於洪業推薦的一位臺灣來的學生。這人叫蕭正誼，講得一口流利的日語，而且深懂日本禮儀的細節；司徒雷登先是聘他為日文講師及校長室祕書，後來升他為燕大的祕書長。

我們從洪夫人在這時期寫給洪業「美國姊姊」的幾封信裡，可窺見當時北平情形的一斑。

> 我寫了好幾封信給你，你可能都沒收到，因為日軍往往檢查了信件之後，便把它們毀了。我剛好有朋友半小時內要離此回美國，請她帶這封信。我們這附近慘受轟炸，校園房子震顫得很厲害，校外巷戰猛烈……戰事起頭的兩個星期，校園成了難民營，我們家裡就住了三夥很驚恐的人，只好強作鎮靜幫助他們……學年開始，有五百多個學生報到。全體員生外表像很鎮靜，其實心裡焦急極了。我們不能聚會，不能表示政治意見，不能擺出不高興的樣子。進城出城都要在城門接受檢查。滿街都是日本軍人、卡車、坦克車。莊嚴美麗的公共建築物、學校都變成軍營，讓人觸目驚心。中國很不願意打仗，但被人侵略了只好打。這裡最大的問題是難民、病人，千萬人失業了，沒收入。我們有半薪算幸運了……（一九三七年十月十五日）
>
> 轟炸機與搜查飛機的隆隆響聲、炸彈聲、槍炮聲……這已是日據區，但血戰還繼續著……大多在黑夜的掩蓋下進行，可是大白天裡眼見的也不少……天津與北平的人民被逼把鈔票換成

無用的錢幣；日本人搜查了各銀行，把法幣全拿走，而且得獲大存款戶的名單……很多有錢人被綁架了，要拿大筆錢贖身。這些日子裡貧窮倒是個護身符。……城裡常聽到拐少女為娼的事件，讓作為三個女兒母親的我很不安……（一九三九年六月二十二日）

今年冬天一般人生活更辛苦了……餓死凍死的人更多；自殺、謀殺案驟升；學生們情緒低落，也有幾個人自殺未遂。靄梅和靄蓮元旦那天整天陪伴著一個朋友，防止她吞藥自盡。她後來回家了又嘗試了一次，現在正在急救中。我們盡量鼓勵學生參加康樂活動，盡可能過正常的生活。（一九四一年一月八日）

到一九四一年，洪業與洪夫人覺得北平的環境對他們孩子身心發展有非常不良的影響，便託朋友把兩個大女兒送到美國去，只留靄蘭在家。

日據下北平人民的窘困洪業也很清楚，他說傭人放假回鄉去兩、三個星期，回來時就面黃肌瘦，可見鄉下實在沒得吃。洪業自己則只有比以前更忙，每天到他家和辦公室的客人川流不息，除了朋友學生外，還有找事的人、募捐的人和愈來愈多的外國人。三教九流的外國人一窩蜂到中國來，那裡一點點外幣就可以兌換無限的享受；也有特來戰地求精神刺激的；還有白俄、歐洲猶太人來中國求個安身之所。洪業盡量在百忙之中見他們，給他們一點父老式的忠告，讓他們進一步瞭解中國的處境。

有了蕭正誼做橋梁，洪業與鳥居一家人成了好朋友。七十多歲的鳥居龍藏熱愛中國。他研究考古學有三個好助手：他的太太會講蒙古話；大女兒曾留學巴黎，會講法語；二女兒留學美國，會講英語。像很多日本學者一樣，他自己會看中文，但不會講中國話。

在鳥居一家人中，我與鳥居夫人交談最少，而與二女兒綠子交談最多，她是我和鳥居先生間的翻譯員。我很喜歡她姊姊，名字我忘了，那麼優美文雅，而且很會燒法國菜。她與一個日本人結過婚，但分離了，帶著小女孩跟父母住。有一天早晨我太太無緣無故跟我生氣，我問她為什麼，她說她夢見鳥居大小姐坐在我的膝蓋上，我聽了大笑，她才覺悟自己荒唐可笑。

後來綠子與我的學生張雁深相愛，兩人都向我傾吐心意，他們結婚時便叫我做主持人。

洪業未老頭髮就先變灰白了，在寫給他美國姊姊的一封信上說自己是「一個四十八歲的倦怠的人」。一九四〇年他有機會到麻州劍橋一趟時，便樂得有段時間可離開北平。那時燕大買到一塊與校園相連接的地，洪業提議用來蓋十間平房，給在燕大做研究的外國學者住。司徒雷登正致力要使燕大成為國際學府，洪業這主意恰可配合他的計畫。燕大不但已經與哈佛建立了關係，還和美國的普林斯頓、英國的牛津、若干法國、德國、義大利的學府攀上關係。司徒雷登便叫洪業到劍橋去說服哈佛燕京學社的託管人撥款蓋這些平房。

當鳥居龍藏知道洪業要取道韓國日本去美國時，堅持要陪他到日本，不讓他被日軍騷擾。第二天綠子來了，問她能不能跟著去服侍她父親，於是洪業在兩個陪從護送下浩浩蕩蕩地從北平坐火車到釜山，再由釜山乘輪船到橫濱。

洪業到了東京，要去靜嘉堂文庫的岩崎圖書館，這圖書館建築在岩崎彌之助的墓上，收他的藏書。中國最早的一本關於怎樣寫歷史的書是《史通》，洪業自一九二三年就開始研究這本書，但他所見過最早的版本是元朝的，聽說岩崎圖書館藏有宋本，鳥居龍藏寫了封介紹信給該圖書館主任，後來以作《大漢和辭典》享盛名的諸橋轍次。根據洪業說：諸橋轍次穿了隆重的和服接待洪業，並端上茶來，但他們很快便使用中國話交談。不久諸橋從書架後拿出第一冊和第四冊來給洪業，這是圖書館員的慣例，不把整部書拿出來，提防人家把善本書拐走了。洪業見他疑心那麼多有點氣，他把第一冊打開來一看就知道不是宋本，馬上蓋上送還諸橋。諸橋看了很詫異，說：

「您的問題解決了？」

「是的。」

「請問您要找的是什麼呢？」

洪業說這本書本來是十九世紀中國藏書家陸心源所藏，陸心源說他的本子是影刻宋刻本的。洪業來岩崎圖書館就是為了看看是不是。諸橋有點不服氣，問：

「洪教授，我知道您學問很淵博，但您只不過瞥了一下，很多中國和日本學者都看過這書，難道他們都錯了。」

洪業告訴他證據不是在這兩冊，而是在另兩冊裡。這時諸橋有點怒容了，木屐走得相當響，到書架後把另兩冊和包書的錦緞一起拿出來。洪業打開第二冊，把第七章最後一行指給他看，上面有一條是十六世紀學人陸深寫的，表明該書不是宋本。諸橋被洪業說服了，有點窘。

洪業乘了總統輪船公司的船過太平洋時，船上大家熱烈談論的是歐洲與中國的戰事，還有美國總統大選。洪業買的是二等票，他到三等艙去逛時，那裡的船客異口同聲都說羅斯福總統應該第三次連任，頭等艙的船客則都嚴厲地批評羅斯福，希望溫德爾．威爾基（Wendell Willkie）選上。洪業是傾向羅斯福的，但他決意不在這題目上張口說話，因為他的美國朋友多是共和黨員，他們都憎恨羅斯福。

他一九四〇年九月先到匹茲堡看他的美國姊姊，再乘夜車到紐約，他預備到了紐約火車站從容用過早餐後慢慢打電話給紅毛公。他等火車上的乘客走光了才下車；怎知一下車便看到一小隊人帶著花，還有個小樂隊吹吹打打向他走來，他們向他招手，洪業有點詫異，也回敬了一下，那些人走近了，他才發現他們的眼光焦點在他後面，他轉身一看，是總統候選人溫德爾．威爾基。

紅毛公的訴訟問題及財政問題那時早就解決了，在紐約離他的橡膠產品公司不遠蓋了棟新房子，他的太太是名廣播家洛厄爾．托馬斯（Lowell Thomas）的妹妹，他們兩人都在美國抵制日貨運動中十分活躍。紅毛公很高興有機會介紹他太太與洪業認識。又帶了洪業觀看他們的房子，有一個房間放滿了玻璃壁櫥，展覽他在中國買來的裂紋瓷器。他們第二天晚上在托馬斯家用膳，飯後紅毛公帶他去看紐約州長，要洪業向州長講日本在中國的醜行。

紐約州州長托馬斯．杜威（Thomas Dewey）很謙和，他頭一句話就說：「我必須先告訴你我對中國多麼無知。現在大家都談論重慶的政府，我在地圖上找不到重慶。」

他們坐定後洪業便對他們說他對亞洲戰事的看法。他說日本人不是壞人，但受德國軍國主義影響，覺得若不占領中國，就無從完成他們的民族使命。洪業預言日本終歸要垮下去的。它像條蛇吞噬了一頭大牛，一定消化不良。杜威州長打斷了洪業的話，跑上樓把兒子們叫醒，帶那兩個穿著睡衣褲的小男孩來客廳，讓他們聽這位中國紳士講話。杜威州長後來也曾競選總統。

洪業離開紐約州之前，紅毛公又介紹他認識小說家辛克萊．路易斯（Sinclair Lewis）的太太，她本身是紐約新聞界名人，大家都叫她蜜絲（Missy）。

數星期後，洪業在哈佛教員俱樂部接到紅毛公的電話說：「威廉，你大放光芒的機會來了，蜜絲十分為你傾倒，要你在她報社組織的時事討論會上做主講人之一，另一個主講人是羅斯福總統。」

洪業知道這是很高的榮譽，但顧慮到數月內就要回到日據的北平，不便公開發言，提議他們請胡適大使演講，而且答允幫忙胡適準備講詞。洪業回憶到這段往事說：

我未到華盛頓見胡適之前，心裡有點保留，因為在哈佛碰見數學家伯克霍夫（George Birkhoff），他也認識胡適，他對我說胡適做了大使後學了一套假笑。學者是不能假笑的，可是一做大使就一定要假笑。胡適這人沒有一點俗氣，他當大使跟我說話時，我也不覺得他有俗氣，伯克霍夫卻說好幾次看見他假笑。我想大概是大會的時候，跟那些沒關係的人說話，才擺出一副假殷勤，這是做外交的人所難免的。伯克霍夫跟我說這話時，我才想起坐船經過夏威夷歇了一天，看見夏威夷大學校友刊裡有一幀校長與胡適握手的照片，他的面孔實在是在假殷勤地笑，俗氣得厲害。做大使對胡適是很大的犧牲！國民政府有胡適這樣的人做大使是很幸運的，但偏有小人不要胡適做大使，後來「回部調用」。聽說蔣介石過意不去，胡適離職時有三萬美金要給他，胡適雖窮卻謝絕了。我幾次想拐彎抹角問胡適這大使是怎麼丟的。但他是頂聰明的人，幾次都輕巧地避開話題。

我在華盛頓有好幾次去看他，他要我搬進大使館，以方便講話，而且說有個廚子可做我喜歡吃的菜，結果我下榻於附近的旅館，在大使館吃飯。有一天我們在吃晚飯，胡適接電話老半天才回來，蹙著眉頭說：「這很討厭，是宋子文，他要搬進來。」

我就幫胡適準備了十分鐘的講詞，他在鏡前練習了一遍，我提議他裁掉兩分鐘，以留足夠的時間讓聽眾鼓掌。

洪業感恩節在他美國姊姊家度過，這位美國姊姊住在匹茲堡，替匹茲堡大學計畫並募捐建造成所謂的「學問大教堂」，這雄偉瑰麗的建築物真像個大教堂，裡面第一層樓每個教室的陳設旨在發揚各國文化。洪業一九三〇年在美國時幫她籌備「中國室」，並推薦藝術家滕圭替他們設計裝潢。洪業很高興又有機會見到匹茲堡大學校長約翰・鮑曼（John G. Bowman）。鮑曼曾請洪業寫了《大學》〈修身〉一章，附英譯掛在他辦公室裡。過了許多年之後，匹茲堡大學要開中國課，他又請洪業幫他策劃。洪業去世後匹茲堡大學開了個追悼會。

洪業與美國姊姊到附近的海恩斯教堂做感恩禮拜，洪業回憶說：

那天是個叫克爾的牧師講道，他的講題是「失敗者」，說耶穌、孔子、蘇格拉底生時都被人認為是失敗者，但他們的生命轉變了歷史的方向。他在臺上講，璐得便擰我的手臂，講到最後，克爾牧師說：「我們為成功而感恩，也為失敗而感恩。失敗有時也是好的，我告訴你們這不是我自己想出來的。一星期以前，我去看匹茲堡大學校長，他走出辦公室幾分鐘，我在他辦公室裡看到一本關於失敗的小冊子，是個中國思想家寫的，他的名字我忘了。」禮拜做完後，璐得帶我去見牧師，對他說：「我要介紹你認識我的中國弟弟洪煨蓮，他就是那小冊子的作者。」

除夕那晚，洪業與他的美國姊姊到紐約時報廣場湊熱鬧，群眾的情緒高昂，羅斯福總統以高票連任。美國經濟已開始復元，那時又還沒有捲入戰爭，他們兩人被摩肩擦踵，歡呼高叫的人海帶著前進，腳幾乎不能踏地地湧過幾條大街。這種身不由己的奇異感覺在洪業腦中留下了很深的印象——人生何嘗不是這樣？

洪業把燕大的任務完成了，還到母校俄亥俄衛斯理大學一趟接受榮譽博士學位。他到美國的旅程既那麼順利，回國時放膽乘了一艘日本船，一九四一年一月平安無事回到中國。

第十七章 被押入獄

日軍在一九四一年十二月七日轟炸美國夏威夷珍珠港，因而使美國也捲入第二次世界大戰。因時差的關係，在中國已是十二月八日了。洪業清晨接到燕大哲學教授張東蓀的電話，告訴他美國與日本已開戰。洪業把洪夫人及靄蘭叫醒，傭人說日軍已在燕大校門持槍站崗。

事出倉促，日軍不知應怎樣處理燕大才好，可是他們急著要把林邁可（Michael Lindsay）抓來。林邁可是英國貴族，從一九三七年就在燕大教書，洪業與他晚上常一起坐在壁爐邊抽煙斗，看書、聊天，直到兩人中有一個起來，告辭上床。他的同事不知道他這幾年不斷暗運大批軍火、醫藥及收音機零件給西山那一邊的共產黨游擊隊。那年夏天他和幫助他的燕大女生，一位國民政府將軍的女兒李效黎剛結了婚。珍珠港事件的消息傳來，美國已不是中立國了，日軍便馬上進入燕大校園到林邁可家找他。但林氏夫婦消息靈通，數小時前已駕了司徒雷登的車到西山那邊去了。此後四年中，林氏夫婦替游擊隊建造了完備的無線電通訊系統。

司徒雷登恰好在天津，日本憲兵跑進他的辦公室翻抄檔案，後來才抓到他關進牢裡。該晚，日軍圍捕了十二位教授和十一位學生，把他們關在行政大樓過夜，第二天派大卡車來把他們載走了。卡車經過校門時，鳥居龍藏教授穿了隆重的日本和服向卡車上的囚人鞠躬。

那年聖誕節燕大沒有照慣例慶祝，有個在日軍部隊裡地位相當高的有末精三少將，被派向燕大教職員遊說，讓燕大在日本指揮下改組，但教職員自然不聽從。過了數星期後，日軍決定解散燕大，把校園改為日軍醫院。學生中有的回鄉去了，有的上西山參加游擊隊，有的到後方國民政府旗下的區域去，一些教授在四川成都組織了流亡的燕京大學，繼續上課。

聖誕節過後三天，鄧之誠正在洪寓吃早飯，日本憲兵進來把洪業和鄧之誠帶到司徒雷登辦公室裡。他們在等候時，鄧用手指在他的褲管上描了個「囚」字，洪業無言點頭。憲兵回來帶了燕大的總務長蔡一諤同來，把三人一起領到北京大學文學院行政大樓，即當時日本憲兵司令部。憲兵替他們蓋了手印，把他們口袋的東西都搜出來，東西一一檢查了記下，分別放進信封裡，然後把他們關進地牢，在那兒前後一個半月。

洪業眼睛適應了那地方微弱的光線後，看到木板地上鋪了些小席子，牢房一角有個木便桶。牢房裡還有另一個人，個子很大，留了長髯；穿皮靴的憲兵踏著沉重的腳步走遠後，他便挪身過來低聲問：「你是燕大的洪煨蓮教授，是不是？」這人叫杜超傑，據說是蘇聯間諜。

數日後，他聽說鄧之誠也被關在裡面，便大笑說：「日本這場仗一定會打輸，盡是些愚蠢的大兵，把學生抓來幹嘛？現在竟然連你和鄧先生兩個老古董也關起來了，真是笑話！」

每個囚犯分配得一條被，一張席子，一張用來揩大便的紙，但他們都把紙存起來寫字。憲兵每天早上來搜身，看有沒有鉛筆、火柴、利器及其他違規的物品，其實他們都有這些東西，分藏在牢房的隙縫裡，因為那時還准家人每天送飯菜和乾淨衣服來，不時暗夾了些小剪刀、鉛筆、香煙等，而且囚人獲准每天去外面倒一次便桶。他們雖用繩子連綁著，但總有辦法互相交換物品。那時最珍貴的物品是水果，有助通便。最寶貴的消息是日本人審問什麼問題。有些人經過審問後便放走了。有些被打得血肉模糊，呻吟著被抬回牢房。

洪業被關了一個星期左右後，有個韓國人來把他領上樓去，進入一個研究班討論室，現在用來審囚犯了，面積大概七英尺寬九英尺長，一頭有個小窗，另一頭是黑板，中間是張橢圓形桌子，桌上有一疊文件，一個戴著軍帽的日本軍官坐那兒讀文件。他見洪業進來便挺直腰坐正，那韓國人走到他身邊一張小凳子上坐下，對洪業用中國話說：

「請向太君鞠躬。」

洪業覺得他快要五十歲的人要向一個二十多歲的大兵行禮是個恥辱，便說：「我對武力鞠躬。」

那軍官叫韓國人拿張椅子給洪業，洪業便與軍官面對面地坐下去。軍官問他的姓名、歲數、出生地、學歷、為什麼到美國讀書，到過日本幾次，在日本有沒有朋友等等；有時拿了紙來叫洪業把人名地名寫下，這樣一問一答半個鐘點光景，突然間問題的性質改變了。

「你是不是抗日分子？」

「我是。」（洪業後來才知道，囚犯抗日如不明說，就會挨打。）

「你為什麼抗日？」

洪業說：「這問題我有兩個回答的方式。概括地說，我不得不如此，但你要我細說的話，請你給我二十分鐘，不要打岔。」

軍官說他可以有二十分鐘。

洪業正在等待這機會，他腦子裡已預備了一篇講演，內容也有隨機應變加上去的，他說：

我是研究歷史的，小時候在中國讀中國史，後來到外國讀世界史，遠東主要是日本史和韓國史。我得到了一個結論，就是用武力來占領別的國家，把別國人民當奴隸，鎮壓別國人民的意志，只能暫時收效，因為一定會有反應的，而最後一定得報應，報應來時，壓迫者有時比受害者更慘。

洪業便舉了好幾個例子，西方從亞歷山大講到第一次世界大戰的德國皇帝威廉二世。洪業說蒙古人滿洲人占領中國，都被推翻了，「你看看滿洲人，現在多可憐！」又繼續說：

我不仇視日本人民，其實我很欽佩日本人民，但我反對日本的軍國主義，而太君是這機構的一部分，你們宣傳說因為中國政府腐敗，所以要占領中國。中國的軍閥是很腐敗的，但國民政府並不腐敗，我不是國民黨員，國民黨有很多作風我都不贊同，但國民黨在你們來之前已開始把中國工業化。

日本軍隊先侵略了滿洲，然後占據了中國北部，現在居然要與世界各國開戰了，什麼時候終了，我不知道，但我知道有一天要終了。戰事結束時，日本人民是要受苦的。

我可憐日本人民，因為他們受軍人哄騙了，當他們有一天覺醒時，便會發現所有的宣傳都是假的。你們宣傳說日本的目的是要亞洲各國共同繁榮，這完全是騙人的話，為什麼知道是假的呢？看看韓國歷史便知道，日本自一八八五年便對韓國有不良企圖，因為韓國人不能保衛自己，中國便和日本打了一仗，那場戰爭日本打贏後，便併吞了韓國，現在韓國人不管願不願意都被徵入日本軍隊裡，做卑微的工作，你們要把中國變成第二個韓國。

洪業講到韓國時，那韓國翻譯員熱淚盈眶，日本軍官臉色發白，不等翻譯完就叫韓國人把洪業帶走，說是午飯鐘點到了。

韓國人領洪業下樓時，暗地對他說：「你講得好，希望鼓足勇氣再講下去，我看太君也受感動了。」

洪業回到牢房情緒高昂得吃不下午飯，他低聲告訴杜超傑他被審的經過時，杜說：「好傢伙，日本人吃硬不吃軟，你這樣他們會尊敬你的。」

下午兩點，洪業準備又要繼續演說，當韓國人叫他「對太君鞠躬」時，他又說：「我對武力鞠躬。」沒想到那軍官沉默地凝視了他一會兒，便把軍帽摘下，退到黑板那一頭，用流暢的中國話說：

「我向一個不怕死敢說實話的人鞠躬。」

洪業回憶說：

我忘了我說什麼了，大概說我不知太君會說中國話，他說他在大學學過中文。他只是執行責任，他以後再跟我交談。

那天晚上，軍官來叫洪業到他房裡請他吸煙喝茶，他們聊天聊到深夜，他說他的名字是黑澤，是個少尉，他問洪業對蔣介石有何感想？洪業說他不崇拜蔣介石，但得承認蔣介石是個有道德觀念的人，蔣介石以前是個好煙好酒好賭好嫖的幫派人，可是與宋美齡結婚成了基督徒後，那些都不做了，現在日本人把他製造成英雄，因為日本人費那麼大力氣都抓不到他，他便成了英雄。黑澤聽了也表同意。

洪業受審的經過比較特別，其他燕大教授都被整得相當慘。陸志韋牙齒差不多全被打掉，有的人則被灌水龍軟管。囚犯被縛在地上，用水龍管的水往他臉上直灌。囚犯臉上眼睛鼻子嘴巴都不斷注滿著水，氣管噎塞掙扎著呼吸，終於暈過去。

洪業在北大文學院行政大樓地牢裡其後的一個多月內沒什麼事。有一次有幾個日本人也被關了進來，他們沒有家人送飯，得吃牢裡難以下肚的食物，中國囚犯便分點飯菜給他們。洪業的學生劉子健也有一個短暫的時期被關到洪業和杜超傑的同一個牢房裡，他在時自願替洪業洗衣物。有段時間洪業病得很嚴重，一個早晨憲兵進來時，洪業站不起來，憲兵帶了個軍醫來看他，並給了他一些阿斯匹靈藥丸。洪業穿了皮外衣躺下來，幾天不吃東西，自己好了。

農曆年元旦前幾天，洪業被領到一個大廳裡，看到另有十個燕大教授也在那兒。他們以為要獲釋了，但有個人拿了手銬來，把他們一對對扣上了，最後一個跟獄吏扣在一起。教授中除鄧之誠、蔡一諤、張東蓀、陸志韋外，還有宗教學院院長趙紫宸，新聞系主任劉豁軒，法學院院長陳其田，和三個年輕教授：林嘉通、侯仁之、趙承信。

洪業此刻以為一點都不恐懼，可是一看到手銬他便懼怕起來。他暗地祈禱：「神啊，我本來決意不害怕，現在非常羞恥，請你給我勇氣。」

洪業與張東蓀扣在一起。

張問洪：「這是什麼意思呢？你怕不怕？」

「我剛才很怕，現在不怕了。」

「你不怕那我也不怕。」

洪業引用《論語》一句話說：「德不孤，必有鄰。」

張咧開嘴笑。

憲兵把他們推上一輛卡車，卡車駛過俄國東正教堂進入一所日本軍獄裡。他們不知道到底到了哪裡了，但因每四小時可聽到教堂鐘響，估計是在北平東北角。他們又蓋了手印，衣服全被剝了搜身後才准穿衣服，每人分派了個號碼，從此只用號碼不用姓名了，洪業的號碼是五〇六。

頭八天十一人全放在一個大獄房裡，叫他們在席子上面壁而坐。在用粗糙的木頭做成的格子門外有衛兵來回巡走著。獄房裡沒有便桶，只有個大臭坑在一角，每天有兩次吃的，總是一小碗混著砂子和灰末的小米飯（砂子為的是幫助通便），一碗煮過日本人殘羹剩菜的鹹水湯和一杯熱開水。食物是從格子間的空隙傳遞過來的。有時有筷子，有時沒有，迫得他們用手吃，一天只有那兩杯熱開水，喝的刷洗的都是它，很寶貴。洪業喝了那湯只有更渴，常常把湯交換開水來洗手洗臉，不久他們身上都長滿了蝨子跳蚤，其癢難忍。

他們不准交談，但大家一有機會便私語，不久又發明了兩套英文密碼互通消息。第一套是用身體各部分代表二十六個字母，大家從眼角可以看到旁邊的人怎樣抓癢，便可傳達消息。那些衛兵看到他們老是抓癢，自己也亂抓起來。第二套密碼靠聲音傳達，第一個英文字母是短短敲一下，第二個字母是長長地敲兩下，如此這般，後來他們各被隔離了就全靠這密碼的音響傳達消息。他們互通信息時，發現陳其田都不參與，就懷疑他有心與日本人合作。

被關在走廊另一邊的是日本軍人，他們常被獄吏用亂棍打，但吃得很好，有炸肉、炸魚等，香味飄過來更讓他們餓得要發瘋，他們看見這些軍人每星期都要秤重，就知道大概這些小夥子犯了軍規被關起來了，可是期滿了還是要回戰場去的。日本軍隊裡紀律嚴厲，地位很低的軍官都可隨便打更低一級軍人的耳光，下級被揍了還要深深地行禮道謝，中國教授看了驚嘆不已。

他們到晚上八點才准躺下，睡時刺目的電燈泡整夜亮著。有一天十一個人中的一個病倒了，告訴衛兵，衛兵說他可以躺下。幾天後，另一個衛兵經過看這人躺下，用靴子踢他。第一個衛兵就說他病了。衛兵看到張東蓀也躺在地上，便來踢他。張東蓀很受冤枉地說：「我也病了嘛。」引得洪業差不多忍不住笑了出來，那衛兵告訴張他沒病，再踢他一、兩腳，命令他坐起來。

其後二十四天，他們每個人都被隔離在一個小牢房裡，才知道人被隔絕起來比飢餓、口渴、寒冷、寄生蟲都更可怕。張東蓀是浙江錢塘一個世家裡長大的，從來沒有自己一個人睡過覺。他最受不了這樣日以繼夜的孤獨。他原來是在日本留學的，但恨透了日本人，回中國以後就不說日本話，現在記起來了，用日本話叫衛兵，衛兵不管他，他又叫，衛兵就喝叫：「你要這個要那個的，這是什麼地方？這不是旅館，是監獄，好傢伙！」

張東蓀便用日本話罵他們：「馬屁！驢子！」不但罵衛兵、罵日本政府，還罵天皇，衛兵不能不理他，跑進他牢房裡打他一頓，他便像豬一樣叫，衛兵走了他用頭猛撞石灰牆要自殺，撞得頭破血流。

洪業離張有八、九個牢房之遠，但聽到了也心寒，恐怕自己也要發瘋了，他用雙手把耳朵掩住不聽，頭倚在牆上默默祈禱，對自己說：

「洪煨蓮，你多年來總是抱怨沒有時間，你知不知道現在有的就是時間？要多少時間就有多少時間，你受了那麼多教育，這時間總有辦法打發吧？」

洪業每天用長指甲在牆上做記號以記年月，他想到耶穌在曠野四十天，穆罕默德也單獨過一段時間，馬丁．路德為了要沉思躲到一個小鎮去住了一些日子，便決定要把身邊的一切摒棄於腦外，專心根據張文理的「生產主義」構想一部烏托邦小說。他把故事擺到一九六五年，推想對日抗戰勝利後國共合作，以生產主義做根基重建中國，將是怎樣個情形。在這烏托邦裡，各政府機構利用代碼系統有效地收集全國人口、就業、生產等資料，讓中國經濟有規則地發展。（我們以當前的眼光看，洪業想像中的代碼系統，預示著電腦的發展，但正因電腦的突進與通訊業的發達，洪業想像中的那一套我們也用不著了。）他還設計出不少管理政治社會的網絡，為了使這烏托邦小說更有趣味，他編織了一個神祕的愛情故事放進去。

一九四二年三月十四日，這小說的輪廓在洪業腦中已成形時，有一天他小牢房的門被打開，推進一個人來，竟是宗教學院院長趙紫宸。洪業與趙討論他的故事，趙則在洪憧憬的新中國中加入宗教的理論基礎。他們兩人無事便暗中以詩詞相和。詩的題材包括在地上吃飯，晚上做的夢，捉蝨子，想念妻兒，獄裡的陽光，小窗外的楊柳枝，聞鐘聲有感等等，後來趙紫宸出獄後把他在獄中作的一百七十首詩寫下來，以《南冠集》為題出版，其中六十七首或是贈洪業的，或是和洪業的韻的。這些詩也刊登在一九七一年燕大美國校友會辦的《燕大校刊》上。他們兩人一起討論烏托邦，吟詩填詞，幾乎忘記了肉體的苦楚。

趙紫宸與洪業相反，他不吃那與砂土灰塵混合的小米飯，而喝那鹹水湯。有一天他在地上敲了幾下，引起了洪業的注意，洪抬頭看到趙嘻嘻笑著，原來他在湯裡找到一小塊豬肉。趙抓住肉皮上的毛舉起給洪看，洪不禁又一陣心酸，趙太太是有名的廚師，善於做蘇州的精緻點心，而丈夫在此正為一塊帶毛的豬肉而揚揚得意。

和趙紫宸兩人住了十七天後，洪業被從第二十九獄室領出來放進第三十四獄室去，裡面已住了劉豁軒與林嘉通。天氣變暖了，洪業每天更渴，他就乾脆不吃，換取別人一部分的開水。他們飢腸轆轆，腦子老是往吃的方面轉。劉豁軒說能吃到烤乳豬最好了，林嘉通則說他要一品鍋，洪業說他要兩碟生蠔，美國吃法，榨上檸檬汁，蘸番茄醬和辣椒末吃，吃完了再來個蜜瓜。他們其中一個說：

「我們現在吃的簡直是豬食。」

洪業打趣說：「我們不是普通的豬，而是日本天皇的豬。」引得大家哈哈大笑。

兩個衛士就跑進來問：「誰講話？」

洪業說是他。

那歲數比較大的衛士說：「講話就要挨打。」

那年輕的衛士竟說：「他老了不要打他，我替他受打好了。」

於是頭一個衛士就輕輕地打了他兩下，洪業看了很受感動。

有一陣子獄裡鬧蕁麻疹傷寒，趙紫宸差點送了命。便有人到獄裡到處噴一種綠藥粉。洪業因敏感差點幾天不能呼吸。但卻也因為這樣，他們有機會洗了兩次澡，指甲也給剪了，頭剃得光光的。

他們白天面壁而坐，消遣之一就是當衛兵不注意時轉過頭去看看對面牆上的蜘蛛絲是否改了樣子。一天早上，洪業轉過頭去，看到那汙穢石灰牆上的蜘蛛網形成了很複雜的圖案。

「有個熱帶森林，森林前面是一個男人的上身，他長了鬍子，禿頭，有阿拉伯人那種深邃的眼睛。他兩條手臂左右兩邊伸展著，手背向前，我看到他後面有野獸，那人好像用手擋住不讓野獸出來。我定一定神再看，這次看到這人頭頂上有塊木頭，兩手盡處也是木頭，這豈不是耶穌在十字架上？我再看，竟看到有紅血從那人的心部如細絲般流下來。我驚駭忘形，幾乎暈了過去，恐怕自己真的瘋了，發生幻覺；便決定去調查一下，站起來到獄室角落小便，在那牆壁前經過。近看那圖案見不到了，但血倒是真的，有人在牆上擠死了一個臭蟲，把血往下塗了。我坐下再看，圖案又出現了。我假裝咳嗽吸引劉豁軒的注意，他離我幾尺之遠。我問他從牆上看到什麼東西？他搖搖頭；十點鐘衛士換崗時，我提議和他交換位置，他轉過去一看，不寒而慄。」

「你看到了什麼？」我問他。

他不回答我，只問我知不知道是什麼日子。我說是星期五。他說：

「是耶穌受難日（Good Friday）！」

四月十四日那天，衛士進來用手銬把洪業銬上，用條繩子牽了他到獄外一英里外一個日本軍事法庭受審。問他是不是視日本人為侵略者，為什麼？洪業用他對黑澤同樣的答案回答。又問他為什麼不到重慶抗日？洪業說他太老，不能拿槍桿了，而且他相信消極反抗比積極反抗有效。他愛美國嗎？洪業說他中國、美國都愛。他是不是相信日本將會失敗？洪業說他相信戰事不久就要結束，因為一般的日本人民不喜歡戰爭。他又解釋他的政治社會理想。

第二天，他又被牽出去，他不知道那天天氣熱，穿了皮外衣跟著走，審他的房間裡有個火爐，火焰熊熊，洪業滿身是汗，要求他們把他的繩子手銬暫時解開，讓他好把大衣脫下來，審官說不必，一下就完了。室裡還有個速記員，洪業避免接觸他的眼光，因他覺得這人充滿仇恨。這人卻突然從桌子對面伸出手來，給洪業一小包日本清涼劑，洪業很感激地望過去，這人眼中洋溢的不是仇恨而是同情。那一剎那，洪業突然感到他的祈禱就要應驗，他要被釋放了。

「我晚上常失眠，因為我習慣熄燈睡覺，而那裡的電燈泡整夜照著我的眼睛。五月十五日那天晚上，我看見電燈泡的燈絲形成個英文字母C，便盡量想一些以C開頭的愉快字眼。以前我做這個遊戲總是想到不愉快的字。如汙蔑Calumny、抱怨Complaint、咳嗽Cough、麻木不仁Callous等，這晚上卻想到十一個一連串有意義的字。審畢Court Calls Completed、判無罪Charge Cancelled、案了結Case Concluded、不再繼續Cannot Continue、解放Confinement Cut。」

第二天早上，洪業、鄧之誠和劉豁軒又出庭，那少將告訴他們：

「你們各位雖有抗日思想，但沒妨礙大日本軍隊的行動，調查清楚了，沒有罪名。我現在代表日本軍隊向你們道歉。今天開釋回去，與家人團聚，休養好之後，我們還要你們回來，若肯跟我們合作，將派給你們好差事，接受與否，你們可以自由決定。」

接著把他們帶回獄裡，讓他們把自己的東西帶走，還把捉他們那天自口袋裡取出的東西一一歸還，要他們在信封上簽字說沒有遺失的。最後，還向他們道賀，與他們握手，問他們需不需要交通工具回家？鄧之誠向他們要了黃包車，他們得到家裡新地址才知道燕京校園的房子已不是他們的了。

看起來日本軍覺得讓這批教授死在他們手上沒有什麼好處。其他的教授一個月內也都陸續出獄了。洪業在獄裡消瘦了三十磅，大家都要療養一段時間。陸志韋是被抬出來的，趙承信到了家門口按鈴，家人開門發現他已支持不住倒在地上。有趣的是，十一人裡在獄中最苦的張東蓀，發現他患了多年的慢性潰瘍，竟然在獄中不治而癒了。

第十八章　抗日勝利

洪業從憲兵司令部移到軍獄後，洪夫人就再也沒有他的消息了，送去的包裹都被打了回來。她和其他十位太太常相聚，因為洪夫人會講英文，便派她向外國人打聽。那時英國人、美國人都回了國或入了集中營：德國人和義大利人被視為日本友邦人士，沒抓起來。洪夫人在幾個德國漢學家那兒奔走，也沒有效果：有幾次太太們帶了乾淨衣服去見憲兵，憲兵對她們說那些教授被槍斃了。日軍不久卻又派人去見陸志韋太太數次，說太太們能夠獻銅的話，她們的丈夫就會受到優待。太太們商量的結果是銅是用來做子彈的，不能給。

洪業被釋放後乘了黃包車到城裡新開路的房子（是洪夫人早年替他買的，讓他有地方避客，可專心工作），發現有個醫生馮應琨與他家人住在那兒。他們告訴他，洪夫人和靄蘭住在北京協和醫院的王錫熾醫生家。打了電話去，果然在那兒，洪夫人煮了雞湯，熱淚盈眶地歡迎他回來。

很多朋友都來道賀，最特別的是收到福開森（John C. Ferguson）派人送來的包裹。福開森雖是美國人，但他曾做過幾年中國政府的顧問，日軍因他年邁名望高沒把他關起來。福開森大量收買中國古籍，有時也來請洪業鑑定。早些年，一個書商拿了本一五七七年出版的《史通》給洪業看，是張之象刻本，現存《史通》版本中最好的，非常難得；書商開口要三百元，差不多達洪業一個月薪水，洪業正遲疑不決時，福開森把它買了。現在包裹打開居然是這本《史通》，還附了封道賀的信。

重獲自由的欣喜過去之後，洪業逐漸瞭解到他入獄後洪夫人多麼辛苦。因為一點收入都沒有，她只好把家裡的東西逐一拿去典賣，也因為這原因才把新開路的房子租出去，和女兒寄住在王家。王錫熾夫婦雖好客，也不能長住在王家，於是他們和馮醫生商量後，便搬回新開路和馮家擠著住。為了吃飯，還得典賣家物：地毯、洪業的英文打字機，中文打字機，都相繼抬出門了。洪夫人為了賣一套她生日時洪業送她的版畫哭了一場。洪業最捨不得的是一部二十四史，他多年來在上頭做了多少眉批，但也只有割愛。將要山窮水盡時，王醫生為他們出了個主意，把新開路的房子抵押了，得一大筆錢，在中國老錢莊放高利貸，藉利息度日。

那時有個企業家，天津東亞毛織公司的老闆宋棐卿出了不少錢接濟這些燕大教授。宋棐卿經營的公司員工的薪水及福利是出名的，他辦了學校給工人子弟讀書，還有獎學金讓他們有機會深造。公司賺錢，工人有分，員工還有退休金。無論在中國在歐美，這種福利當時都是罕見的。宋有天半夜乘了黃包車來看洪業，帶了一大捲一大捲鈔票，叫洪業分給同事們。為了怕引起日軍猜疑，他叫洪業對同事說宋棐卿要向他們收買古字畫，教授們願意的話，拿些贗品給他好了。洪業把錢分了十份。陳其田沒有分，因為他搬回燕大校園住，有人看到他拿了公事包跟著日本軍官走。

另外擁有煤礦的王子文常派人送煤來。在重慶的國民政府也撥了錢慰勞這些燕京教授，到底撥了多少不知道，據說數目相當大，但是款項經了幾手後，教授們得到的只夠買幾斤肉。

洪業在家賦閒，便埋頭把在獄中想好的烏托邦小說寫下，他用英文寫，讓洪夫人看得懂，他也做些學術研究。

因為沒事做，錢又緊，教授和他們妻子間往往鬧意見，大家就喜歡打麻將迴避家裡的緊張氣氛。一天晚上在王子文家打完牌，洪業與陸志韋對床而眠，一直談到天明。陸志韋問洪業他希望有什麼成就？洪業說他希望對宗教、教育、政治都有貢獻；陸志韋說洪業的目標太分散了，說他自己則希望做幾年中國的教育部長，他對教育政策有些理想，希望有機會可以辦辦看。

「燕京復校後，我還希望做校長，我覺得日本人沒有來之前我做代理校長還做得不錯。」

「是呀！」洪業說，「燕京復校後，校長候選人大概就是你跟我兩個人，我一定全力支持你。那麼從燕京校長跳到做教育部長，並不甚遠。」

「可是我倒不想在國民黨下做教育部長，照我看共產黨會成功，我希望能在共產黨下做教育部長。」

洪業和陸志韋對共產黨的看法是很不同的。洪業對共產黨很多思想贊同，尤其贊成共產黨人人應該工作，不能因為祖上有錢便可享受終身這種思想。他覺得馬克思用經濟因素解釋歷史也有可取之處：因為一個歷史運動需要少數的領導人和多數群眾的支持，領導人往往為某些理想而奮鬥，但群眾的趨向與衣食住行問題是分不開的。然而，共產黨的唯物辯證論與洪業所擁護的儒家與基督教人生觀基本上背道而馳；他對共產黨要把舊文化一概鏟除的主張，也覺得太浪費了，人的知識文化是一點一滴累積來的，不吸收以往的教訓，完全從頭做起大可不必。共產黨這種雷厲的作風卻正合陸志韋的口味。陸和同時代很多知識分子一樣，覺得中國傳統的一套太繁瑣了，要理也理不清，不如從頭做起。從一九四六年到一九五二年之間，陸志韋果然當上了燕京校長，但他在一九四九年之後的中國大陸受盡批判侮辱，含冤而死。

這賦閒的時期裡，洪業來往最頻的朋友中，不少是學術圈外的人，東亞毛織廠的宋棐卿是一位，他學生劉子健的父親劉石蓀又是一位。劉石蓀清末留日，本來是銀行家，後來也參加政治。洪業過了五十頭髮就半白了，而劉和劉夫人六十多歲了頭髮還是烏黑的。他說他們是受打坐之賜，晚上在床上盤坐，不必躺下，背脊挺直，把思想排除，就想像有顆星在頭頂上，那顆星進入頭裡，然後在身體裡旋轉。這是劉夫人小時念書，學校旁邊廟裡一個老道士教她的。劉夫婦教洪業打坐，但洪業沒耐心，學不好。另外還有孫冰如，在天津有磨麵廠，進北京來便在洪業書房過夜，他們兩人常一起去看荷花喝酒，談論書籍。孫常向洪講些商場道理，洪說孫一點商人氣味都沒有，是「世隱」。還有王正黻和他夫人廖奉獻，洪業留美時便熟悉的，王氏夫婦為人慷慨，他們家裡那幾年像擺了流水席一樣，讓失業的朋友有個去處。

抗日戰爭最後那幾個月，看情勢日本有可能失敗了，和日本人合作的中國人便開始驚恐，到處贈厚禮給以後可以替他們講話撐腰的人。大家知道洪業、陸志韋、蔡一諤這些人是不會接受禮物的，但張東蓀看來生活得蠻好，有人便說他收禮了。有人說鄧之誠也收了禮。

洪業決定去看看他老朋友，尋根問柢。那時他窮，沒錢雇車，步行了一個鐘點左右到了鄧家，鄧正在吃早飯，一大塊窩窩頭，高粱米做的，營養好，但是粗糙雜糧；還有一碟鹹菜，一碟炒花生。洪業一看，就知道他必定沒有收禮。兩人談起來了，洪業說有某人送錢給他，送了鄧先生沒有？

鄧答：「送來了。」

洪問：「鄧先生，您留下沒有？」

鄧答：「如果留下，還吃這東西嗎？」

洪問：「你不留怎麼措辭？」

鄧說：「煨蓮先生你措辭起來也許為難，我措辭很容易，怎麼說呢？我問他送給煨蓮先生了沒有？他說有。他留了沒有？他說沒有。我就說那我也不留。」

兩個老朋友會心地笑了起來。

洪業第一次得到戰事快要結束的確實消息，是羅文達傳給他的。羅文達（Rudolf Loewenthal）是德國猶太人，家裡相當有錢，他能講流利的德、法、英、俄語，是柏林大學的博士。希特勒上臺後，他看情形不對，與他哥哥分了家產離開德國。他母親提議他到美國去，但他說美國也歧視猶太人，卻聽說中國開封幾百年來有猶太人住在那兒，不受歧視，於是買了船票到中國來了；他到了上海碰到一個在燕大教過書的英國人，提議他到燕大找洪業，也許可替他想辦法。洪業與他談得很投機，介紹他到法學院教經濟學。可是學生對他不滿，說他太嚴格，而且談到革命就沒耐心。洪業想到他既懂那麼多語言，就安插他在圖書館外語採購組，他做得很好，說很多書不用花錢買，寫了信去果然寄了不少來。還有些書報是他與別的大學出版社交換得來，又省了錢。羅文達決心做中國人，洪業便擔保他入中國籍。洪業在牢獄時，他好幾次來訪洪夫人，問她需不需錢。因為他是個入了中國籍的德國猶太人，地位特殊，日軍也不知要對他怎麼辦才好，他接觸的層面便特別多，消息靈通。

一九四四年秋，日軍在中美夾攻之下，在中國戰場開始失利。一九四五年五月，德國納粹投降，日軍也知道戰事已經不能久撐了。中華民國、美國、英國在七月六日於德國波茨坦聯合發表公告，要求日本投降，羅文達得知這消息後馬上告知洪業。過了幾天，蔡一諤來和洪業道別，他家裡會做豆腐，出了獄後，整天在家磨豆腐過生活，憋了幾年憋不住了，要到成都的燕大去，託洪業照應他留下的太太孩子。洪業便告訴他波茨坦的公告，勸他不要走，因為一走至少六個星期才能到達成都，走到半途日本投降了，燕大在北平要復校找不到總務長，而蔡走到半途又得轉回來，那多窘啊？蔡半信半疑，結果沒走。

不久北平滿街都是原子彈轟炸廣島長崎的傳聞。八月十四日那晚，羅文達又來看洪業，告訴洪業他聽說日本已經投降了。他們走到街上張望，鄰近日本人住的房子都熄了燈火。羅文達告辭之後，洪業夫婦與馮氏夫婦抱著期待的心情坐在院子裡，突然有人打門，來人把腳踏車往院子裡一扔，高聲激動地喊叫著：「墜航了！墜航了！」原來是劉子健的大哥，他們半晌才明白他說的是上海話「投降了！」那真可以好好慶祝了，馮醫生進屋子裡把所有的涼水及酒都拿出來，還把病人簿打開在洪業名字上塗上「出院」兩個字。原來自洪業出獄後，馮醫生為避免他被日軍打擾，假托說洪業神經衰弱，正在醫療中，現在不必假裝了。他們又吃又喝，高興得不想睡覺。

天剛亮，又有人打門，是蔡一諤，他雙手抱住洪業，在洪業面頰上親了幾下，說：「哎呀！真要感謝你，不然我現在正在路上。我們可開始辦事了，馬上打聽司徒雷登在哪裡，開校務會議，跟日本人交涉。」

他們到街上，日本軍民到處流淚跪在街上。

張東蓀當時講了句話，說得痛快淋漓：「日本人坐在我們頭上拉屎拉了五十年，我們終於把他們的屁股推走了。」

日本投降那天，燕京瑞士籍的歷史教授瓦爾加斯（王克私）來報告說司徒雷登被釋放了，因為司徒雷登的國際名望高，日本人要保留他在需要時做協調人，沒有把他打入集中營，把他與協和醫院霍頓院長等幾個軟禁在一個院子裡。瑞士是個中立國，瓦爾加斯被瑞士政府任命為副領事。因歐美政府常有不少事託瑞士向日本人交涉，於是瓦爾加斯在日據時期常借機會進院子送東西給司徒雷登，所以先得消息。

燕大的人聽說司徒雷登被釋放了，便在三官廟召開復校會議，決定於十月十日國慶日復校。遵照一九三七年以前的規矩，推陸志韋為校長，司徒雷登為教務長，總務長為蔡一諤。諸銀行知悉燕京要復校，都搶著來貸款。蔡一諤暫派洪業管錢，洪業第一張支票就開給鳥居龍藏，親自送去，到了他家看見鳥居赤著腳在院子井裡打水。這幾年來他比中國教授更苦，中國人不理他，日本人也不理他，他全靠典賣東西過日子。

十月十日早晨十點鐘舉行復校典禮，主講人是洪業，洪夫人請裁縫替他用黑緞子做了長袍。那天禮堂裡擠滿了人，大家的情緒都非常激動，失去的樂園，還可復得嗎？

燕大校園被日軍改用為醫院，多年失修，到處是汙垢，跳蚤很多。燕大的教職員很多都分散了，不少回了鄉，有的還在後方，應不應該都請回來又是一個問題。大家都認為公開和日本人合作的如法學院院長陳其田不該請回來，雖然陳也有他的苦衷，為了一家大小的衣食也情非得已。但是如張東蓀等大家覺得行動可疑的，怎麼決定呢？除了正式開審外大概沒法分辨，何況這種事情往往是曖昧的，不是黑白之分，而是灰色的深淺。

洪業主張請張東蓀回來，他說不論張有沒有收下傀儡政客的禮金，他在日獄裡受盡辛苦，日本人為怕他成為烈士不讓他自殺。討論之後洪以為決案了，不意司徒雷登第二天又提議他們不請張東蓀回來，原來國民黨不喜歡張東蓀大膽發言的作風，向司徒雷登施加壓力。洪業發火了，他說不請張回來，他洪業也不回來了，結果張被請回燕大。

洪業還替另外兩個人力爭，可沒有效果，一個是圖書館館長田洪都，洪業一九三〇年安排田洪都到哈佛去受專業訓練。日據時期田繼續主持圖書館。洪業替他辯說他為保護圖書館藏書，動機是正確的，但沒法說服別的教授。第二個人是容庚，在日軍控制下的北大教了書。洪業說容庚一向在抗日運動裡很活躍，很多教授都在他辦的愛國雜誌《火把》裡投過稿，他在北大教書只為求溫飽，但容庚也被否決了。

洪業回到哈佛燕京引得編纂處巡看，印刷機都沒了，究問之下知道賣給了漢奸支持的機構，洪業馬上以這是美國人財產為根據索回，可是重慶派來的接收員卻說應歸國民政府，洪業一九四六年離開北平時雙方還爭執不下。

洪業未搬回燕南園之前，一天在新開路來了個貴客，就是曾在中國西南與蔣介石對峙的李宗仁，李宗仁後來為愛國與蔣合作，在台兒莊一戰把日本打得落花流水，抗日勝利後是國民政府「北平行營」的主管。他來訪洪業，要聘洪業為祕書長，官階是少將，大概是想用洪業與美國人辦交涉。

「他穿軍裝，還有幾個隨員，個子不大，比我矮一點，相貌很土，臉黃黃的，但風度好，談吐中可看得出他悟性好。」

洪業婉謝了聘書，可是應允有時替李宗仁論論人事，因而李宗仁幾次設宴都邀請洪業。李宗仁在中南海懷仁堂招待美國魏德邁（Albert C. Wedemeyer）將軍時，他與陸志韋是僅有的兩個平民，洪業趁這機會又施展了他的私人外交。

吃完飯後，李宗仁站起來致詞，代表政府歡迎美國人，有中國人替他翻譯。魏德邁答謝時非常坦率，他說中國之所以未能成為強國，對世界的和平及繁榮有貢獻，乃由於兩個大敵人的阻礙：第一個敵人是日本，半個世紀以來，日本一直操縱中國政治，給中國帶來各種問題，以致民不聊生，國家危在旦夕。現在美國人——中國的朋友——幫中國擊敗了日本，日本大概要等好一段日子才能給中國找麻煩了。

「可是，」他繼續說，「如果我不把你們的第二號敵人指出來，就沒有盡到做朋友的責任了。不幸的是，這第二號是你們的內奸，我們美國人愛莫能助。這內奸的名字是貪婪。你們若要享受真正的自由，要為人類的福利盡一份力量，非得把這內奸除去不可。」

替魏德邁翻譯的布利斯（Bliss）將軍中文好極了，但關於「內奸」這一節，他略掉了，因為座上都是中國將軍，其中有不少腐敗的。我忍不住站起來說：「李將軍和諸位朋友，我以平民的身分要說幾句話。」大家都很驚訝。

我說：「我以一個平民和歷史學家的身分，先向魏德邁將軍致謝，他由衷而發的演講講得好極了。我也向布利斯將軍致謝，他翻得很準確，但他為了給我們中國人留面子，講詞第二部分沒有翻，我現在替他翻完。」我說完話後，全場肅靜，鴉雀無聲。

晚宴解散後，我把魏德邁將軍拉到一旁，按著他坐上慈禧太后的寶座，告訴他應得最高的榮耀，因為他是中國人的真朋友。然後我對他說：「將軍，我對你有個要求，你現在有成千成萬的美國青年軍人在中國西南角，那是中國的後院子，風景雖好，文化落後，他們準備要回國了，但真正的中國還沒看到，你能不能讓那些願意到北平看看的軍人繞道來看看。」

魏德邁說可以的，我便組織了個委員會，讓大學教授和學生們歡迎這些美國軍人，而且為這件事宣傳，在燕大做了次演講。

洪業自一九四一年就沒有他弟妹的消息，洪家搬回燕南園後，接到他三弟洪紳自紐約發的電報，說他希望不久就見到洪業。一天晚上他在城裡一個朋友家吃晚飯接到電話，洪紳剛到燕南園，因不能久留，要馬上見他。洪業便使用他和李宗仁的關係，向行營借了一部車，並得允許重開該夜已關的西直門駛回家，兩兄弟又得重聚。

抗戰時，洪紳做湘桂鐵路工務處處長，率員工轟炸橋梁，以緩遲日軍的進展，所轟炸的橋梁中，包括自己費盡苦心設計建設，自視為可傳諸不朽的湘江大橋；積勞而病，幾次差點死去，上司為讓他有機會休養，藉故派他到美國，他在紐約療養時，有很多以前倫塞勒理工學院的舊同學來探望他，他們在大企業裡做到很高的地位，都留他在美國工作，但洪紳一生的志願是看到中國鐵路縱橫絡繹，毅然回國。抗戰勝利後，政府即電召回部，他到達青島有政府飛機來接，到上海接另一個人後，便要飛往重慶。但洪紳在上海機場看到幾百步之外有架美國軍機，他和駕駛員聊起來知悉那軍機要到北平去，便連行李也不顧，搭了這軍機溜去北平先看看他大哥。

過了幾天政府找到洪紳，又派飛機把他接走了。原來那麼緊急要洪紳回重慶，不為別的，是交通部要復員回南京，員工和家屬交通的分配是個非常棘手的問題，因為洪紳清廉公正，眾所周知，要他主持這份工作讓大家沒有怨言。

因洪業接觸的層面多，而且不吝於直言相告，各式各樣的人都有事跟他商量。「成志社」一位老弟兄向哲浚率領中國代表團到東京去審判日本戰犯，要求洪業替他找一位會講英語和日語的有力助手。洪業便推薦劉子健，劉除了講流利的英、日語外，還懂法語俄語，難得的是他雖被關到日軍牢裡受過苦，但並不仇恨日本人。有一些紙商來找洪業，說他們想向政府申請接收日軍留下的紙廠，與政府合作管理，問洪業知不知道有受過西方造紙訓練的中國人？洪業說有個阮傳哲，正是理想人才，他不久到美國去便與他接洽。有一次洪業回家，在他書房坐著個大腹便便的燕大女生，原來她上了西山跟一個共產黨同志同居，後來同志打游擊失蹤了。現在她無家可歸，快要生產，跑到北平來舉目無親，只記得有個洪老師。洪業記得在北京飯店「三人會」（美國、國民黨、共產黨）開酒會見到王汝梅（黃華），便進城去找他，請他安置這女孩子，過一、兩天這女生便搬走了。

一九四五年十一月六日，洪業寫了封信給他多年的師友，任哈佛燕京學社託管委員的埃里克．諾斯，因為中美還沒通郵，他託司徒雷登帶去。

我們十月八日已遷回燕大校園，恰好離我被日本憲兵逮捕三年十個月後。我們房子雖已經略加修理，但情況還是很糟糕。天花板被熏黑，地板又髒又臭，所有的紗窗及窗簾都不見了，門鎖也被挖走。暖氣電爐及抽水馬桶等等都受損壞；園子更不用說了。草坪被闢成白菜園，花草都枯萎了，只有樹木高大了些。現在雖住在自己房子裡，還像行營似的，天天在清理。

我覺得自己與外界隔離了四年，對這四年間學術界有什麼進展都不知道。很急於知悉哈佛燕京學社在美國和自由中國的漢學活動。我們在燕京正要把引得編纂處恢復，在尋找四年前在美國購買的好紙，若或多或少找到一些，就可再繼續出版引得和《燕京學報》。

我設想燕大託管委員會及聯合基金會與司徒校長洽商後必展開為燕大募捐的活動。我對司徒校長說，若託管委員用得著我參與這種活動的話，我很願意今年冬季或明年春季來美國一趟，司徒雷登覺得這個建議很好，已經呈報託管委員會。

我希望能在美國逗留幾個月，而在一九四六年秋天開學前回北平繼續我教書、研究和行政的工作。我想這一次帶內人一起去，也許我們的旅費託管委員會可出一半，哈佛燕京學社可出另一半。燕大託管委員會的一半是因為我在美國大部分時間要為燕大募捐；哈佛燕京學社可能願意出另一半，因為我為該社服務十五年間沒有休假。

在這個「巴比倫放逐」時期間，我們與外界完全斷絕音訊，我前幾天才收到二女兒靄梅的信說她已經結了婚，在珀杜大學無線電臺做事，她的丈夫在該大學研究院攻讀物理。她還說姊姊靄蓮也結了婚，同兒子比利在加州阿罕布拉市住，丈夫陳楊（音）上士駐軍在太平洋某處，我想帶內人來美國的原因是希望她有機會看看兩個女兒和外孫。

經過這苦難的戰爭，我們耗竭了所有的存款。我典賣了一部分藏書，我內人的結婚訂婚戒指外的首飾，及家裡的大半家具。我們的債務以現在的兌換率算有幾百萬元的本地錢，可幸的是大多是欠朋友的，還不至於被逼債太急，我也並不苦惱，跟在日本壓迫下生活相比，經濟上的損失不算什麼。但我們現在財力短絀，所以不得已請燕大和哈佛燕京學社替內人出旅費。

我附上一張寫給葉理綏的信的副本，我不知自己目前在哈佛燕京學社的地位到底如何，我假定葉理綏博士和學社諸託管委員對我討論學社將來在中國活動該取什麼方向會感興趣。

洪業在此信中顯露出一些與他平素自信樂觀相反的沮喪自憐。在埃里克．諾斯與哈佛燕京學社主任葉理綏兩人的援助下，哈佛大學發了聘書請洪業去講學半年，他於一九四六年四月離開北平，計畫洪夫人夏季便到美國與他相晤，沒想到他這一走便與故國永別了。

第十九章 漫長的旅途

旅途一開始就很不順利。這是洪業第一次乘飛機。從北平到上海應該兩個鐘頭就到，但他們在半空中時，駕駛員接到命令要尋找一架墜落了的飛機。那些飛機本來就不甚夠格，加上駕駛員不一定熟練，而乘客載物又總是超重，所以常失事。經五個鐘頭的尋覓都找不到那墜落的飛機餘骸，才飛往上海機場，到達時已是深夜了。

洪業的五弟洪紱在上海，洪業只有他辦公室電話而沒有他住家地址，便探問同機的一個美國軍官他將在何處過宿，他答說美國軍官被分配住在國際飯店，洪業不妨跟他去試試。洪業存著半僥倖的心理，向飯店裡的接待員解釋他的困境。那人聽說洪業要到哈佛教書，很買他的賬，把他安插在一個空房裡。可是洪業一夜沒睡，被電話鬧個不停。每次電話響都是不同的嬌滴滴的聲音，招攬生意：「甜心，你不寂寞嗎？下樓來給我買杯酒好不好？」

第二天，洪業便打電話到聯合國救濟總會找他的五弟。洪紱已帶著家眷跟國民政府從重慶回到上海，洪業準備在他處住，等護照簽證辦好就飛往美國。因他不在辦公處，洪業又與他一位在商務印書館的學生張天澤聯絡上了。張馬上來看洪業，告訴他上海擁擠極了，洪業得趁早打消跟他弟弟住的念頭，因為洪紱、他妻子、三個孩子、岳母、妻子的一個侄女，還有一個傭人，一共八個人全擠在一間租來的屋子裡。燕京有個姓譚的校友，是做生意的，在上海有間樓房，常空著，曾請洪業到他那裡，張天澤便勸洪業接納他的好意在那兒下榻。

洪業在上海時頸項後長了個疽，張文理的妹妹張群霞聽到了便天天來替他敷藥。後來這個疽是用買自黑市的新神藥盤尼西林治癒的。洪業自一九三三年後便沒有見到過張文理，從張群霞口中知悉他在福建搞農村革命而捲入閩變事件，躲起來一個時期。中日戰爭觸發後，很多所謂反抗分子「歸順」國民政府。張文理易名為張延哲，因他日文、英文、俄文都通而受重用，做了幾年重慶市財政廳廳長，業績彰顯，並在重慶跟一位姓朱的下屬結了婚。陳儀被派去接收臺灣時，張文理亦受命為臺灣省財政處處長。張群霞說他戰後託了一位到北方的接收委員帶了信和兩萬元（當時值一、兩百美元）給洪業，洪業說見過這人，可是錢和信都沒見到。

洪業有一天到銀行裡碰見一個臺灣人，便和他聊起來，問他臺灣的情況時，那人大篇議論國民政府怎樣在臺灣榨取民財，他說臺灣人一定會反抗的。洪業寫了封長信給張文理也石沉大海。

國民政府那時候還沒完全從重慶搬回來，各機構雜亂無章，加上待解決的事情繁多，導致連最起碼的程序也沒辦法維持，做什麼事都得靠人際關係。洪業屢次申請護照不成後，便親自去找孔祥熙。孔祥熙與宋子文這兩個蔣介石的連襟兄弟，一個當權時另一個便失勢。孔祥熙當時不甚得意，吃晚飯的時候，對洪業說燕京有人來探消息看他願不願意做校長，問洪業對這件事有什麼想法？洪業難為了半天，結果決定講心中話，他說孔祥熙多年為燕京董事長，戰前也一度掛過校長的名，以應付當時政治的需要。但洪業相信他若真的做校長的話，不會認真地把它當一回事，陸志韋則多年渴望這個職位，有很多計畫想予以實施，應讓陸做校長才對。

洪業便對孔祥熙說：「如果我是你的話，我不會要的，你有你政治的事務，我不相信你會有餘力來理學校行政的瑣事。可是你一坐上這位子，無數有理無理的要求便隨之而至。有請你做主婚人的，有要你解決糾紛的，有像我一樣求你幫忙取護照的，結果拖上了一身麻煩，何必呢？何況陸志韋現在搞得不錯，應該給他個機會表現一下。」

孔祥熙馬上說：「你講得對，你講得對！」可是顯然不悅。

洪業一九四六年五月到達美國後，他的大女兒靄蓮發現他蒼老多了，而且情緒低沉。經過漫長動亂的他，末了並沒有駛入安全港，面臨的又是茫茫一片的疑惑和徬徨。

戰後的麻州劍橋市雖然不像上海寸金尺土，但也是一屋難求。洪業起頭在哈佛燕京圖書館長裘開明先生客廳住了一段時間。洪太太與三女靄蘭到達後，正逢洪業以前在哈佛的學生、現任助理教授加德納一家往緬因州度暑假，騰了房子讓洪家住。他們度假回來後，洪家則寄住在一位教授遺孀處。其後一位教士老朋友逝世了，他十五間屋子的大宅正待售，其後人聽說洪家沒住處，便請他們暫住裡面。洪業慷他人之慨，知道友人也沒有地方住的都收容進來。當燕京英籍教授林邁可爵士與中國太太帶了兩個在共產黨解放區出生的小女兒來到劍橋時，洪家也安置他們在那兒。

這段時期洪業在美國花了很多時間整理杜詩，在哈佛開了一門課教杜甫。因他在日本牢獄時，要求獄吏容許家人給他送本杜集來，他們不准，但杜詩日夜縈繞在他心頭，杜甫在唐玄宗（七一二—七五六）安祿山之亂時哀國傷民的那些斷腸語如「國破山河在，城春草木深」、「泱泱泥汙人，狺狺國多狗」、「不眠憂戰伐，無力正乾坤」、「誰能叫帝閽，胡行速如鬼」，正切身地道出洪業此時此境的情懷。有一次他在洗澡池邊與鄧之誠相逢，鄧問他有何感想，他慨然道：「今朝漢社稷，新數中興年。」

他不但在哈佛開杜甫課，在耶魯大學、匹茲堡大學、夏威夷大學各大學演講，也都講杜甫的著作與為人。

一九四六年秋，洪業被邀回他母校俄亥俄衛斯理大學做一年一度梅里克講座的主講人，洪業覺得榮幸無比，因為他記得自己做大學生的時候，怎樣為此講席的主講人所懾住。一九四七年他母校的校刊上有此記載：

執教於燕京大學及哈佛大學的洪業博士講題為中國社會目前的劇變。他說他的祖國正迅速地從古老的傳統步入現代，大家庭制度面臨崩潰，而個人迫切地求自我表現；中國非得克服文盲問題不可，因為文盲存在一天，民主便一天無法在中國實施；另一個緊急的要務是農村改革，讓長期受壓迫的農民生活得予改善，可是他說中國的政治前景很曖昧不清，不知何日才得明朗……

一九四七年春，洪業應聘到夏威夷大學教書。他曾幾度在夏威夷，一九二七年開第二次太平洋外交研究大會時，他曾在夏威夷與日本代表團熱烈地辯論，由此而結識了一些很擁護他的當地華僑，他們不少人送了子女到燕京大學受教育。洪業本打算帶家眷從夏威夷歸國，可是中國傳來的消息一天比一天壞。在日本沒投降以前國軍與共產黨已開始相鬥，一九四六年秋，美國杜魯門總統任命司徒雷登為美國駐華大使，希望以他個人的聲譽可在其間調停，而組織聯合政府。一九四七年春，協調已顯然無望，國共雙方都不願做任何讓步，相持不下，而經濟又急劇惡化，國幣差不多每天都失去一成的價值。四月間，國幣與美元的兌換率已達一萬兩千比一。國幣差不多完全沒用，人民易物而生。最苦的是拿定薪的政府官員及教師。他們為節省油米，幾家人共伙，但還是餓肚子。中國窘迫的狀況和洪業身處夏威夷的環境形成刺眼的對比。彼處餓殍滿道，此處觸目是半露肉體在熱帶花叢中盡求享樂的人群。這令洪業困惱極了，夏天他便搬回劍橋再做打算。

當年曾容納洪家的大房子已經出售了，他們只好租短期房子，搬了好幾次家。而洪業在極其不安的心情下狂熱地活動，除教書寫作外，又到處演講了。他主張美國政府應全力支持國民政府，他說在共產政權下，不但他個人所珍重的儒家信念不會受容忍，他聽眾們所依皈的基督教與民主主義也必受摧毀。洪業屢次自費由劍橋到紐約、華盛頓，籠絡像《時代》雜誌的出版人（小）亨利・魯斯（路思義之子）一類的人，要求美國國務院撥出國會已通過的援華款項。同時，洪業也介入一個提倡世界和平的宗教團體。

有一趟他正在紐約時，突然間記起他的老朋友劉廷芳在紐約居住多年。他沒去看過他，便依地址找到了劉家。洪業一九七九年回憶說：

> 劉廷芳臉色很蒼白，咳嗽得很厲害，我看了很難過。他喚他一向很疼愛的女兒過來叫洪伯伯。而劉太太嘛，就忙著弄各種的藥給他吃。不久劉廷芳便去世了，但我第二年才知道。劉廷芳和我曾有一度來往那麼密切，那麼可愛的友誼，他比我大一些，所以我把他當哥哥一般敬愛他；但我們未能維持這珍貴的友誼，劉廷芳雖過世那麼多年了，我每次想到他，心裡總還是一陣波動。

一九四七年九月，燕京大學的財務已到枯竭的地步。洪業本來為燕大圖書館訂了一些顯微膠片的儀器，只好取消。洪業當時已離開燕大一年半，看見局勢那麼混亂，便決定在美國等等再說。他一九四七年十月十一日寫了一封信給亞洲基督教高等教育聯合總會的助理財務長（亦燕京大學前任財務長）卡爾·埃文思（Carl A. Evans），總括了他本人過去二十五年間與燕大的契約關係：

> 我於一九四六至一九四七的學年全年不在燕大。學年上半我為哈佛燕京學社執行任務，所以薪水是由哈佛燕京學社劍橋方面出的。下半算是我休假……
>
> 一九四七至四八的學年，我向燕大請了假，所以沒有支薪，我相信我若要維持退休金的話，是不是得自己補上年費？請您指教……
>
> 在此我也許應該提供一點我與燕大財務方面的關係史。當我一九二二年初加入燕大時，司徒雷登校長及學校董事同意我的待遇應和傳教士同等。一九二二年到一九二九年都如此。但一九三〇年我自哈佛回去時發現學校政策改變了，中國教職員與外來的教職員待遇差別很大，外來的教職員薪水是以美元計的，而美元兌換率逐漸上升，差別愈刺眼，我因不願意做在中國教員中唯一拿美元薪水的人，便告訴校方除非我另有通知，自願降低待遇與其他中國教員同等，而餘款捐獻給燕大。為此我多年付不起以美元算的年費，以維持我的退休金……

一九四八年，福州協和大學要請洪業去做校長。與其他學府一樣，當時學潮正鬧得慌，校方希望能延聘到一位如洪業這麼有聲望而學歷深的人，可處理這危機。洪業接到聘書心亂如麻，覺得論責任，他是應該去的。也許可對培育他的福州有點報答，但他以前鶴齡英華書院的老師們，如高智（高迪）夫婦，熱愛中國的拉爾夫·沃德，都同聲勸他不要去。他們說共產黨之勢如大海狂瀾而來，不是任何一個人可抵擋得住的。

洪業在寫給亞洲基督教高等教育聯合總會祕書長的一封信上，解釋他為何作此決定：

二十二年前，我也曾被聘為該校校長，我當時謝絕了，原因是我覺得自己能做到相當水平的學術研究及教學，遠勝於插足校政事務。我對這種工作既沒有充分的準備，又缺乏應有的耐心和圓滑的手腕，恐怕做了反而危害該學府的進展。這許多年過去了，我的弱點並沒有隨歲月而改進。

再者，我恐怕在一個共產政權下，我將沒辦法忍受他們的教育管制。我並不反對共產黨的經濟政策，我一向說如果共產黨改變它三項立場的話，我也接受共產主義：我認為共產黨反對宗教是因為它不承認人類基本的道德性及靈性；共產黨對歷史的唯物觀是片面而因此是不正確的，共產黨主張以暴力為工具有悖於中國傳統倫理而且是不必要的。可惜共產黨，包括在中國的共產黨，並無絲毫意願改變它上述的幾個立場。

洪業對政局灰心是他決定不去福州做校長的因素之一，但他決意不回中國是朝鮮戰爭發生後的事，這是一個令他內心很矛盾痛苦的抉擇，因為不回中國就等於放棄他半生在燕大的工作，而且涉嫌逃避責任。但他剛在一個仇視他的日本政權下過了幾年艱苦的生活，要他回去在另一個充滿敵意的環境中掙扎的話，他覺得自己意志已耗竭。

他三弟洪紳為公事到美國半年，洪業與他相聚，也勸他在美國看看再說，洪紳卻毅然回答說：「我的處境與你不同，你一向是平民，而我吃了多年政府的飯，我有義務與政府同存亡。」兩兄弟黯然相對。

一九四八年秋，經洪業一番周旋後，哈佛燕京學社延請聶崇岐來劍橋教中國目錄學。這完成了洪業多年的宿願，因聶是洪最得意的學生之一，哈佛燕京引得編纂處成立，洪業把所有的行政事務都交給他。校園被日軍占據後，聶按循洪業祕密籌備的計畫在中法大學的旗幟下繼續做編纂的工作，出了《管子》、《曾子》等重要的引得。但洪業總是惋惜聶對歐美研究中國的情況不夠瞭解，所以很希望他有機會到外國跑一趟。但聶是個忠誠的儒家信徒，有母在家不願遠遊。他母親逝世後他終於來到劍橋，但十二月共產黨進入北京時，聶又匆匆回去了，說他哥哥病重得回去照顧哥哥。

一九四九年八月，國民政府連戰失利，放棄了首都南京，做了三年美國駐華大使的司徒雷登，束手無策地眼看他寄望甚厚的國民政府一步步潰敗。他留在南京等待新政府與他聯絡以建立外交關係，但所有的外交官員都收到通知說從此他們將被以平民身分對待；同時又掀起了惡毒的排外運動，司徒雷登狼狽不堪，最後得黃華之助才順利離開中國。他曾到劍橋看洪業，對美國國務院公開他的機密信件感到憤怒，並且不滿美國對尚有邦交的國民政府棄如敝屣。當年十一月，他中風了，此後一蹶不振，一九六二年終於逝世。

中華人民共和國一九四九年十月一日在北京成立了，對洪業來說，這結束了他為祖國發言的生涯，他不能支持北京的政權，因為它執意要摧毀洪業最珍貴的文化信念，他也不能支持聲稱代表全中國的臺灣。

第二十章　僑居劍橋

五十七歲的洪業，覺得這時候自己能在美國麻州劍橋定居，而且在哈佛掛個研究員的名，已是大幸了。很多與他處境相同的中國人到處流亡，生活失去了方向。他們在各地學校、醫院、寫字樓裡謀生活，做與他們以前顯赫地位很不相稱的事。日常相往來的外國人，絕不能瞭解他們以前的雄謀大志。到最後，連他們心目中的世界也褪色了，更落得茫茫然不知所措。

在洪業的朋友中，衛挺生便是這類情形。他是洪業一九一六年專程到劍橋一瞻其風采的哈佛才子之一。衛挺生二〇年代在南京替國民政府的財政機構奠基，曾經立過大功勞。可是抗戰勝利後，他對政府的希望已完全幻滅，不肯跟政府遷退到臺灣，卻攜了太太移居香港，過了幾年又到東南亞去，最後終於決定搬到劍橋，在他母校附近定居。他本來以為有大學會聘他教書的，卻只找到一份在出版社做索引的工作。可是上司嫌他動作遲鈍，他便把事辭掉，有個時期曾替哈佛燕京圖書館館長裘開明的孩子補習中文，也做得不長。幸好衛夫人是北平協和醫學院畢業的，在波士頓一家醫藥公司裡謀得一職，生活便無虞了。衛夫人勸他把精力專注到學術研究上，於是一連串的著作便從他翻騰澎湃的腦海衝出來了。因他沒有受過史學訓練，往往作出令人驚訝的結論。他的所謂「學說」之一，即日本皇家是徐福的後裔。他不厭其煩地引經據典，用數國語言作注腳「證實」這學說，並且去函到東京稟告日本天皇。衛先生的另外一種消遣就是給美國總統寫信。艾森豪威爾做總統時，他每寫一封信便收到一封很有禮貌的答覆。衛先生便小心翼翼地把回函貼到一本集錦簿裡，並下了注解，逢客人便得意揚揚地拿給人看，一心指望白宮會來函請他諮詢。衛夫人看得不耐煩了，下令他停止寫信。洪先生說：「甘迺迪總統上臺後，衛先生也寫信給他，得同樣效果。最後衛太太不給他錢買郵票，他來跟我借錢，衛太太便把他的打字機鎖到櫃櫥裡。」

北京那邊，燕京一般的教授與學生為共產黨的勝利而歡躍。周恩來親自對燕京校長陸志韋保證，在新中國裡，燕京大學是有其適當的地位的。接著是兩年的「蜜月時期」，燕大的教授、學生、職工都組織成小組，研究燕大該怎麼樣為新中國出力。紐約的委員會也陸續匯美金來支持燕大。但美國加入朝鮮戰爭後，太平洋兩岸爆發了冷戰，燕大校園到處出現大字報，攻擊與美國有任何關係的人。任何到過美國、甚至計畫過到美國，有美國朋友、有著作在美國刊物上發表的教授，都要公開檢討，如果自我批判不夠徹底，便馬上遭到革職。一向全心全意贊成共產革命，以共產黨為中國救星的陸志韋，一向主張共產主義與基督教無基本衝突的他，起初堅持他不能夠恨美國人，「因為我從來不恨任何人」。最終卻在群眾的壓力下屈服了。他的同事、學生，甚至連他自己的女兒一個個都站起來指責他「毒害了年輕人的思想」。他的銳氣被摧殘了，他公開自認陷入了司徒雷登的帝國主義圈套，危害了學生，而且潛意識下希望美國人會回來，他可以把燕大奉送給美國人。一九五二年八月，中國政府實施高等教育改組，解散了燕京大學。北京大學便搬進那美國人捐錢建立的校園裡。

中國大陸傳出這些令人不安的消息，令洪業的態度日趨強硬。他感嘆地說：「一個知識分子被強迫說假話，就像一個女人被強姦一樣。謝天謝地有美國這樣一個地方，不然像我這樣的人要到哪裡去呀！」他發誓只要這政權存在一天，他就不回中國。

然而洪業也不是全盤反對共產政權。他極贊成當局阻止古董流出國外，他覺得把墳墓翻成田地，把田間的阡陌消除是對的，而共產黨注重再教育的刑法制度也很合理。他原則上並不反對集體主義，但深信沒有競爭將導致效率降低。他說最理想的制度是企業私有，但工人有權對管理人說話，而且法律保障他們分享一部分的盈利。但共產黨對基督教與儒家傳統的盲目摧毀，與一波又一波的清算鬥爭，令他憤憤不已。

一九五〇年，洪業決定不回中國後，便寫信給聶崇岐，託他把自己多年蒐集關於《史通》的書、手稿及其他資料寄到劍橋。聶崇岐回信說他把書寄來了。只是五十年前出版的書，因算是古籍不能出國。手稿則交給政府審查後才可寄出。不幸一九五二年美國與中國便斷絕郵路，以後便完全沒有聶崇岐的消息。一九六一年，一位在聯合國紐約祕書處工作的燕大校友黃迪到中國去了一趟。洪業又託他打聽能否把他關於《史通》的手稿帶出來。政府回覆說請洪先生回來做研究，會有與美國相當的退休金給他。洪業覺得這簡直是勒索。

洪業很快就體悟到在難民擁擠的一九五〇年代的美國，對有色人種仍存歧視的地方，像他這樣沒有正式博士學位的人是不能找到與他才能相稱的職位的。他用退休的一筆現款墊底，在劍橋灰街三十一號買了一棟老宅，離他心愛的哈佛燕京圖書館不遠，十多分鐘就可走到。洪夫婦收了幾位房客來貼補家用。那棟房子有古老可愛的閣樓，嵌著彩色玻璃的窗戶。他們把克勞福德家麻州海邊別墅裡沉重的世紀初的家具搬了些來，安定地住下。新朋舊友來訪，講到中國大陸或臺灣時大家便爭論不休。除此之外，洪業在劍橋的生活是平靜樸儉的：研究、寫作，偶爾作點學術演講，而且義務輔導學生。好幾代哈佛研究中國文學歷史的學生陸續發現劍橋有這位學問淵博的學者，像一座寶礦任他們挖掘。他雖沒有正式地位參加評審，但無數的博士論文在他的指導下完成。

每週日下午三點鐘，洪業與哈佛遠東語言系的美國教授柯立夫（Francis Cleaves）茶敘。洪業三〇年代便認識柯立夫，那時柯氏得到哈佛燕京學社獎學金在北京做學術研究，抗日戰爭勝利後柯氏以美國海軍陸戰隊聯絡官的身分，在北京監視日本財產歸還中國政府。現在這兩個性情迥異的人成了莫逆之交，每週日相聚時，或討論一個問題，或同讀一篇經書史籍。柯氏是個美國老式紳士，不善於應付劍橋學術界的明爭暗鬥，最喜歡與他新罕布夏州農場上的牛馬群及當地農夫周旋。洪業則是個深懂人情世故、腳踏實地的儒者。他們兩個能夠相處很不容易，但在學問境界裡找到了共同的園地。柯氏也是個學問淵博得令人驚訝的人。他看得懂十多種語言，包括西歐主要語系、拉丁文、希臘文、阿拉伯文、梵文、蒙、藏、滿、漢、日文。對西方古代經典，中國邊域歷史、地理，以及元代歷史尤其清楚。洪業有兩篇文章是受了柯氏的激發而寫的。一篇是〈錢大昕詠元史詩三首譯注〉，另一篇是〈蒙古祕史源流考〉。後者的完成和出版某種意義上或許是不幸的。因為柯氏——真正的蒙古史權威——並不同意洪業的結論，但因不願破壞兩人間的友誼，柯氏把自己研究蒙古祕史的成果擱在一邊數十年，一直等到洪業逝世後五年才出版。

五〇年代的哈佛遠東系在那精力充沛的俄國人葉理綏手下，作風相當專制。他嚴令全系教職員在校園裡不准脫短外衣，怕有礙觀瞻，天氣熱時則派女祕書到各辦公室巡視，看看有沒有人違規。

葉理綏令洪業幫忙整理《哈佛燕京大字典》。這大字典一九三六年就開始籌備了，計畫中要出版一本以歷史原則組織的中文字典，每個字都追溯到古代，解釋它的意思及應用怎樣隨時間演變，要媲美《牛津英文大字典》。最初的步驟是把十六本字典辭典解體了，用漿糊把每一個字每一條解釋或例子小心地貼到小卡片上，安置在一排綠色的檔案鐵櫃裡。最初估計這工程需要兩百個人年，所以理論上十個人二十年內應可以做完；可是十五個年頭後，經過趙元任、李方桂、方志彤等語言大師的效勞，完工的日期還是遙遙無望。一九五〇年左右，大家都知道連哈佛燕京學社那麼財力雄厚的機構也沒辦法獨立完成這浩大的工作，如果另找不到資助金的話，這計畫只好全盤作廢。葉理綏問洪業能不能把材料整理作出一、兩個字的「樣品」來，讓學術界有機會看看這字典如果做成功了對學者有多大裨益。洪業費了一個暑假的工夫，把字典的頭一個字「子」整理出來，一共有二十七頁，一九五三年出版了。次年，字典的第二個與第三個字，「孑」與「孓」也相繼出版，備受學界的讚揚，可是沒有機構願意出資贊助。當哈佛遠東系遷址時，大家不知怎樣處理這些裝滿卡片的綠色檔案鐵櫃。柯立夫以悲天憫人之心，把它們搬到他的農場地窖裡去。

洪業一九五〇年代到他一九六三年退休這段時期內所寫的文章裡有好幾篇是回憶性的。譬如他聽到摯友鄧之誠逝世了，寫了一首詩〈哭鄧之誠〉。在這期間他最得意的一篇是〈破斧〉，劉子健稱讚這篇文章可作研究《詩經》方法的模範。

洪業雖然在國民政府潰敗後便決意不公開作政治性的言論，但他把黃遵憲一八八一年寫的〈罷美國留學生感慨〉一詩翻譯成英文時，卻寄託了他對中美邦交的失望及憧憬。這首詩描寫最初中國在美留學生的文化震驚，並批評清朝政府為怕留學生被美國社會「汙染」而把他們撤回中國。洪業的立場是中西文化雖然很多地方格格不入，但中國閉關自守終不是長遠之計。

洪業把幾年來關於杜甫的演講及教學的材料整理成書，名之為《杜甫：中國最偉大的詩人》，由哈佛於一九五二年出版。這本書成為一本權威性的著作，對杜甫的生平有很多新發現，對杜詩有很多新見解，對唐玄宗、肅宗、代宗這既輝煌燦爛又富悲劇性的時代（七一二—七八〇），亦作了細膩的分析。洪業在序裡對讀者抱歉自己英文不夠好，但評者都說詩譯得很傳神。

洪業這時不但酷愛杜詩，而且視杜甫為「詩聖」。他一九六二年的一篇長文〈我怎樣寫杜甫〉裡說：「所謂詩聖，應指一個至人有至文以發表至情。」以後遇到古今中外任何人對杜甫的為人為政有所詬病時，他便忿忿不平。素來評論事極中肯的他，在這一點上似乎有失學者應有的客觀態度。

洪業為什麼總是那麼激烈地維護杜甫呢？這是個饒富興味的問題。杜甫無可否認是個極偉大的詩人，他具有高尚的情操也是無可疑議的。但他到底是個心態複雜的人，不是毫無瑕疵的。我們對洪業自己的生平有點認識之後，也許可作個大膽的推測：洪業可能潛意識下把杜甫與他父親比照「認同」了！洪曦的人生觀，對人對物的態度，可說與洪業筆下的杜甫是很相近的。兩人都可說是典型的儒學者。杜甫比洪曦才高是不必說，洪曦大概比杜甫更切實際。洪曦的遭遇與杜甫也有相似之處：幼年失怙、試場失意；後來得了補官資格。有官做時便戰戰兢兢；無官做時則顛沛流離，貧病交加。至於他們的理想與周圍的政治環境，不時形成明顯的對比，增加了他們心頭的壓力與不安，這則是歷來為朝廷效忠的小官共同的命運。

洪業心目中對杜甫與他父親「認同」的程度，可從他〈我怎樣寫杜甫〉一段裡看出：

杜甫於詩題中提到他宗文、宗武二子。早年詩中提到驥子，疼愛得很。晚年也有特與宗武的詩，頗露獎賞之意。其特與宗文的詩，只有一首，乃是催他快起雞柵。自兩宋以來的學者，除一個以外，都異口同聲地說驥子是宗武的小名；因其聰明好學，杜甫特別愛他。宗文不成材，杜甫不免失望。關於這一點，我於幾十年中，每想到輒覺不快。先父對於諸兒一視同仁，向無偏愛的表示。在我十五六歲以後，他老人家有時還與我商量他應如何作文，如何作官。他不讓我妄想，他之愛我，過於諸弟；只因我是長子，已過無象之年，所以他微露器重之意，與我以莫大的鼓勵。我常想這是做父親最好的榜樣。杜甫呢？他竟不愛長子，偏愛次子，不免為盛德之累。一直等到我翻譯「得家書」那首詩，展開各本彼此比勘之時，才發現仇兆鰲於他繁瑣注文中，附帶一句「胡夏客曰：驥當是宗文，熊當是宗武。」記得我跳起大叫：這說法正對，可以破千古之惑……（杜甫）在鳳翔才得家信：「熊兒幸無恙，驥子最憐渠。」熊兒當然是上年高秋楊夫人所生的宗武，而比他大約三歲的哥哥宗文乃最疼愛這娃娃弟弟。這是很自然的解釋。宗文乃是驥子，可見杜甫並不曾偏愛次子，不愛長子。這樣一想，好像多年痼疾，一旦消除，真痛快得很……

我們用心理分析學的眼光看這一段文，就會覺得洪業的潛意識在此作祟的痕跡重重。他本來以為杜甫偏愛次子，不愛長子，幾十年來每想到這一點便「輒覺不快」；後來發現杜甫愛的是長子，便「跳起大叫」，「好像多年痼疾，一旦消除，真痛快得很。」為何這件事對洪業來說感情負荷那麼重？莫非他潛意識裡把杜甫當作洪曦，把杜甫長子當作自己，而把杜甫次子當為洪端？不然他在這篇討論學術的文章裡，為什麼又突然提及自己父親與自己及弟弟的情感關係？這就無怪乎任何對杜甫的批評，都被洪業視為個人攻擊。

學術工作外，洪業時間花在一個「祈禱團契」的事務上。這團體是燕京大學前任財務長埃文思與他的女祕書凱瑟琳．布朗（Kathryn Brown）創辦的。他們的主張是，祈禱既是世界各宗教的共同點，若各宗教的人士能在一起祈禱，必有助於世界和平。他們說服了洪業做團契的第一任會長。雖然當時洪業已不是任何教會的會友，但他仍相信祈禱在冥冥之中有其效力。他尤其相信祈禱可令人汲取自己內心潛在的能力。洪業有一次向作者如此闡明他對宗教的看法：「我們人類與狗、貓、馬在形體結構的實質上並沒有多大的差異。人與禽獸不同，主要是我們有一套倫理價值，而我們憑此倫理價值而活……一個人得知人、知己，還是不夠。我知道基督教有很多問題，但這些是理論的問題，實際上我們都感覺到有上帝。正如哲學家伏爾泰說，要是沒有上帝，為人類的利益也得創造一個上帝。這話是頗有意義的。人覺得有上帝後，才能有天下皆兄弟之感。」

洪業的意識形態與普通人比較，可以說異常「完整」，沒有一般二十世紀知識分子的支離隔閡。他皈依基督教後，並沒放棄儒家的倫理觀念，他雖決定不做牧師，卻不否定他的宗教體驗；他雖對國民黨失望，但不因此成為政治激進分子。洪業不是個模稜兩可的人，他有的是強烈的信念，但他在幾種價值有可能衝突的情形下，似乎總習慣性地往高處攀，在山頂看下來，發現山腳的路都是相通的。與洪業交談會覺得這老人雖歷盡滄桑，但基本的價值觀念並沒有動搖。

這也許與他一生的好運氣有關，他到美國留學時，雙親已離世，讓他毫無顧忌地適應西方社會。五四運動的那幾年，中國一般知識分子都覺得一定要在「新派」「舊派」之間作抉擇的時候，他不在國內。一九二八到一九三〇年，國民黨剿共，他的同事友人都被迫效忠其中一方，他恰巧又到了美國。他雖在日本監獄中吃過苦，在抗日期間卻從來沒有經歷過走投無路、窮困飢餓的窘境。到了晚年，他也用不著在「文化大革命」下的中國出賣良心以保存性命。

在洪業的眼中，物質世界與精神世界是不脫節的，東方與西方之間沒有鴻溝，古代與現代之間沒有裂罅。他對只看到間隔、鴻溝與裂罅的人往往很不耐煩。所以作為一個現代史學家的他，可以心中無梗、心安理得地為一個祈禱團效力。

那個祈禱團契全部的經費只有五千塊錢，埃文思先生自己捐獻了三千塊，布朗女士捐了兩千。我們一個月用三十塊錢，在紐約塞維爾旅館樓下租了個角落，擱了兩張書桌一個打字機。電話只可收打進來的，若要打出去，經過旅館接線生便得付十分錢，埃文思先生為省五分錢，需要打出去時便叫布朗女士去用公共電話，因公共電話只收五分。

這祈禱團體在報紙上刊登廣告勸人祈禱，也出版了一種通訊報提倡祈禱。一九六四年，布朗女士與洪業兩人到加州、印第安納波利斯、芝加哥演講。途中拜訪了美國醫藥巨商伊萊·莉莉（Eli Lilly）夫人，沒想到她死後遺囑中有兩百萬美元贈送給祈禱團契。後來洪業又為爭取保存這筆款項，不容它被團契中的投機分子利用而出力。

洪業現在常有機會與阮傳哲相見。阮君在一九二一年偷渡到美國獲洪業援助而免於被逐出境。一九四六年洪業曾受中國紙商之託替他們找人接收管理日本人在東北的紙廠，一到劍橋便與阮君接洽，不料阮君正受國民政府之邀，已到了中國，但洪業打聽到他在戰時為美國立過功勞，因他發明一種包含隱形纖維的紙，美國政府用之以印糧食及汽油分配票，對防止偽造很有效。他在麻州任職的那紙廠裡已被提升為總經理。阮君到中國看到政局混亂，又回到美國來，在原來的紙廠復職。

洪業說他有一次與阮傳哲在他紙廠附近的餐館聚餐。當阮君有事走開時，那女侍者與洪業聊起來，對洪業說：「我告訴你，這一帶人人都認識阮先生，都敬愛他。他這許多年管理紙廠，大家都覺得他做事公允，我知道，因為我丈夫就在紙廠打工。」

洪業覺得一個中國人在外國那麼受信任，尤其能為他的部屬那麼崇敬，是個殊榮。

洪業除了作學術演講外，很少公開發言了，他很以自己的學生自負——陳觀勝、房兆楹、杜聯喆、鄧嗣禹、王伊同等，都在美國各大學任要職。在普林斯頓任教的劉子健雖然沒有上過他的課，卻一向對洪業執弟子禮，洪業也把他當自己的學生，與他最親近。

一九五九年，洪業以教育家的身分應新加坡總理之邀，調查南洋大學是否夠資格讓政府承認。南洋大學是一群新加坡富有華商於一九五四年創辦的，他們覺得馬來半島應有一所華語大學，以與用英語教學的馬來亞大學分庭抗禮。林語堂是南洋大學的第一任校長。林君曾打聽洪業有沒有興趣作文學院院長，洪業謝絕了。他僅對林君提議圖書館一定得裝上冷氣機。一九五九年，林語堂早已在眾議紛紛下離開新加坡，而第一班學生正面臨畢業，卻不知文憑值不值錢。當時校長的位子空缺，洪業的學生張天澤是執行委員會會長，經他提議新加坡總理致函哈佛校長，請他委派哈佛學人作審查委員會委員。張天澤希望哈佛派洪業來，果然如願以償。經五個審查委員為期一個月的詢問，結果報告南洋大學沒有成立高等學院的條件，因它財務、人事以及校政完全受華僑商會的操縱。審查委員會的報告發表後，華人社會譁然。華商對張天澤很憤怒，以為他慫恿審查委員發出對南洋大學不利的報告。五位審查委員離開新加坡後，有位華商甚至在張君的住宅四面牆上塗了糞便，以作報復。

但對洪業本身來說，回到離開有十三年的亞洲是一件十分興奮的事。他一九二八年曾乘了汽輪經過新加坡，事經三十年了，這次重來又可見到好些從中國漂泊到其地的友人，順便又可繞道到香港、臺灣跑一趟。

新加坡招待我們住很好的旅館，我在第三樓，臺灣大學校長錢思亮在第二樓，我們每天回到旅館，必有一大盆水果在房裡，我最喜歡吃柚子。而錢思亮就是不喜歡那種又甜又苦的味道。他每天都把柚子帶給我，我們要離開新加坡時，他上來問我旅程如何，堅持要我在香港打電話給他，讓他到臺北機場接我。他說可以替我省卻很多海關的麻煩。所以我的飛機到臺北，就預料到我三弟、妹妹和錢思亮會在機場，沒想到下飛機時，發現有樂隊大吹大擂，還有兩個小孩拿了花圈向我跑來，我恍恍然彷佛曾身臨其境，趕快回頭看看，因為上一次有樂隊奏樂，有人送花，是在紐約賓夕法尼亞火車站，而他們迎接的不是我，是我後頭的美國總統候選人。但這次樂隊迎接和送花的對象果然是我；不但如此，歡迎隊裡還有個洪將軍，跟三弟認了本家的；還有個電影明星，叫吳驚鴻，是我阿姨的女兒，另還有個人叫喊著：「煨蓮、煨蓮！」我看一看竟然是胡適，他也來了。

他們都要約我吃飯，我就說我在臺灣只有六天，叫他們合作聯請一次好了。

那天晚上不但有錢思亮、胡適，還有教育部長梅貽琦，外交部長沈昌煥，還有好多燕大的校友，包括張文理。

洪業寄託了厚望的張文理，對搞中國農村革命有無限雄心的他，在烏克蘭、在重慶、在臺灣大有作為的他，現在成為一個頹喪的醉漢。據洪業說，他一九四五年跟著陳儀到臺灣後很有表現，他太太是個虔誠的天主教徒，在那裡開了個幼稚園，很得民心。張說他得了洪業自上海寫給他的信，痛哭了一場。據他說本來在臺灣接收日本財產是有秩序的，但軍統戴笠下的人物及中統的情報人員亂搶，陳儀沒辦法制裁這些人。張文理和陳儀商酌後乘機到南京要見蔣介石，沒見到。未幾臺灣果然民變。陳儀任浙江省主席時，又帶了張文理去做祕書長，陳儀為與共產黨合作被逮，張文理亦被牽連入獄，經兩年才釋放出來，那時他已喪盡了年輕時的抱負，雖在幾處掛了委員董事之名，卻經常酗酒。太太辦了復興幼稚園，後擴充為復興小學，蒸蒸日上。洪業在臺灣時他開了部老爺車帶洪業到處跑，洪業回美國後不久他就死了。

洪業見到他三弟蒼老的樣子，不禁黯然神傷。他們兩人談起來總是有一大堆話欲說而不能。洪業到臺中看了他弟弟設計的西螺橋，說明書上及橋上的石碑上卻都沒有提及洪紳的名字。這就是他三弟一向不爭名利的脾氣。洪業覺得他們兄弟中，洪紳最能繼承他們父親的志氣，嚴守儒家君子的規矩。說明書倒有一首詩是洪紳寫的，略表他的心意：

峻嶺雲山在上游，濁清入海聽同流。

田園禾黍漫天碧，碧帶重成大鐵橋。

詩的第二行指國民政府最清廉、最汙穢的官員都匯集在臺灣了，而最後一行言及洪紳早年在中國建的湘江大橋。當日軍打來時為緩衝敵人前進，洪紳很痛心地親自把它轟炸了。一九六九年洪紳逝世時洪業為他寫了一篇〈三弟書行行述〉，登載在翌年八月的《傳記文學》上。

洪業去看他妹妹沚蘋時，她從床底下掏出一大堆字畫給他看，說是買來防備通貨膨脹的。洪業趕忙推說事忙不看，因為他知道那都是贗品。

一九五九年與一九六二年之間，中國大陸因天災及人禍鬧饑荒，人餓到吃樹根了。洪業聽說他一個頂得意的學生齊思和，一向被稱為齊胖子的，瘦得皮包骨。剛巧新加坡南洋商報編輯連士升，是位燕大校友，也是齊思和的好朋友，請洪業撰稿，洪業便寫了〈我怎樣寫杜甫〉一文，叫連士升把稿費拿去買些食油及肉乾寄往北京給齊思和。後來這篇長文以及洪業寫的三首詩被輯成小本子另出版。

洪業七十大壽那年，哈佛同人把一九六三年《哈佛亞洲學報》獻詞給他。表揚他「對中國文學歷史的貢獻以及對幾代學者嚴慈並加的輔導」。洪夫人準備那天要替他辦一個大宴會，不幸她自己前一天卻心臟病發作病倒了，從此身體就沒復元。

第二十一章 倖存者

一九七〇年代，美國麻州劍橋常見一位令人肅然起敬的銀髮老者在街上疾走，手提拐杖在身邊起勁地晃著，他看起來比實際的五尺八寸的身材要高一些，因為他站著、走著、坐著，腰身總是挺直的，而且在衰老的過程中一點都沒有縮矮，令人望去有點出乎意料地年輕瀟灑。他的臉部好像一片質地良好的木塊，年歲侵蝕後更顯露它天然的紋路及結構。洪業八十多歲了，他的夫人、妹妹，除了五弟以外所有的弟弟，都已逝世，兩個女兒也先他而去。他一生跨越了垂簾聽政的慈禧太后和美國卡特總統。年紀比較輕的人與他接觸，起初未免有面對著歷史之感，但與他交談不久就知道他是個真切活在當代生活中的人。他對萬事都那麼有興致，無論話題是最熱門的營養食物，還是核子武器的最新發展，他都有高見。他在各種社交場合上露面，也常邀朋友到家裡吃飯。夫人過世了，他便把做學問那套分析比較的方法推用到烹飪上，學會了做一手好菜。用「童心未泯」來形容他是不過分的，因為他無拘束、有樂趣，又那麼輕鬆地結交新朋友。

大家相聚時，總有一群人圍著聽他講話。他風度翩翩，聲音洪亮，善於引用典故，套用諧語，最喜歡把故事的高潮屢次往後推，讓聽眾迫不及待，而揭曉的結尾往往是令人發噱的。偶爾插進一句讓大家面面相覷的刻薄話，要追問他時，他早已轉了話題。他又有本領讓聽眾中最年輕最卑微的分子都覺得坦然，不致受冷落。

若新結交的朋友到灰街那棟老房子去拜訪他，登上那油漆龜裂的走廊，進到裡面頓覺寬敞明亮。沉重的家具、精緻的白桌布，褪色的地毯，是上半世紀初中上人家的氣派。洪業很專注地聆聽年輕來客的談論，毫不保留地提供自己相似的經驗。他雖然頂願意傳傳流言，講講閒話，但到最後總回到道義的觀點上來：在此種情況下，該怎麼做才對，才合乎天理人情呢？他似乎始終固執地抱著一個信念，就是只要看通了，順理去做，所有的問題都會有完美的答案的。他不贊同當時學生與一般激進分子直接與當權者抗衡的做法，但他對美國社會危機與其趨勢是很關心的，並說自己對黑人與婦女運動的看法隨時都在修正中，尚未下定論。

他還是常常義務指導修改研究生的論文，並每週日下午與柯立夫先生茶敘、談論學術問題。他與各地的學生頻繁地通信，關心他們的事業。還常常與文學家葉嘉瑩、植物學家胡秀英和哈佛燕京圖書館館員戴廉（Sidney Tai）等交換詩詞，並不時嘗試新的詩體。

在學術方面洪業專心研究唐朝劉知幾的《史通》，他蒐集關於《史通》的資料從一九二三年就開始了，在這個題目上發表過五篇文章。這本集其大成的著作要用中文寫。可惜這工作最終沒有完成。洪業那時說研究完《史通》，就不打算做學問了，要專心作詩。

他說：「作詩像生孩子一樣，還沒生出來很痛苦，一生出來就很痛快。杜甫有句：『新詩改罷自長吟』，我就喜歡這樣。」

對他而言，把心情思緒昇華成一首詩後，便得到一種解脫，像完成了一樁事，可放心去做別的了。終身做事都一絲不苟的他，到老年對自己更嚴謹了。他烹飪的食料都要分門別類地排列起來。而請人買東西，一定要馬上清賬，他說不要腦子裡擠滿雜物。

他防備自己堆積東西，引《論語》的話說：「君子有三戒，少之時，血氣未定，戒之在色；及其壯也，血氣方剛，戒之在鬥；及其老也，血氣既衰，戒之在得。」

一九七八年夏，有一回他到柯立夫先生新罕布夏州的農場去，柯先生介紹他認識他的鄰居德魯（Mel Drew）夫婦。洪業見德魯家門前有一個池塘，讓他想起朱熹一首詩，他朗誦給德魯夫婦聽，並且用中文寫了下來贈送他們。

半畝方塘一鑑開
天光雲影共徘徊
問渠哪得清如許

為有源頭活水來

洪業頂喜歡這首詩，他說朱熹如果不是那麼有名的理學家，他的詩就必然更有名。那方塘對洪業來說是他理想的心境，雖然平靜，但不是一潭死水，原因是內有源頭。洪業相信朱熹所謂的源頭就是「天良」，而天良就是上帝。在洪業的心目中，儒家的天良與基督教的上帝是分不開的。

不幸那心平如水的境界對洪業來說可望而不可及。種種複雜、曖昧、痛楚的情緒，隨著新傳來的消息震撼著他。這二十五年來許多因為音訊斷絕而被凍結的往事現在復甦了。先是尼克森總統剛訪大陸後那段時期內，美國新聞界對毛澤東統治下美好無疵的中國社會繪聲繪影讓他憤怒，因為他知道其真實性如何。其後，他雖然贊成美國政府與中國人民政府建交，卻為美國政府對多年患難與共的臺灣棄如敝屣而感到氣餒。他相信美國人是以一套謊言交換另一套謊言。臺北當局既不代表全中國，北京當局也無權霸占臺灣。當來往中美的人群由一條潺潺小溪衍為大江後，幾乎每一週、每一日都載來讓洪業激動的信息。

他的朋友斯特拉（Stella Wong）回北京探望母親時，洪業託她到北京大學，即燕大舊址，去看看他花園中亭子前的兩棵藤蘿還在不在。斯特拉回來報告說，不但藤蘿不在，亭子也沒有了。他以前的住宅現在破舊不堪，分給六家人住。

劉子健回去了，發現自己在中國的三兄弟都在文革中死去，不知道是自殺還是被害。周恩來總理接見他時，對他說：「那時有些人太過分了，希望你不要太難過。」「文化大革命」的真相漸漸被揭露後，死訊頻頻傳至。其中陸志韋死得最慘。共產黨上臺時他是燕京校長，一九六八年陸志韋被毒打得神志不清，然後被關到一個昏暗的屋子裡半年，在自己的糞尿中度日。被釋後他重病，沒受醫療而死。

張東蓀則在監獄裡上吊自盡。

洪業獲得他弟婦與侄兒洪慰的音信。洪慰在「文革」時是個化學工程師。他被革了職，家裡幾個月完全不知道他在何處，後來發現他在一個工廠裡做事，薪水只有以前的四分之一。

也有令洪業欣喜的消息。他聽說他的學生，曾為北京大學歷史系主任的周一良，就要平反復職了。與洪業在日本監獄和詩的燕京同事趙紫宸已九十多歲並且殘廢了，卻受到政府很好的照顧。洪業曾安排到哈佛念書的翁獨健，在社會科學院裡任要職。與洪業一起研究史學卻多年失去聯絡的同事顧頡剛，亦託往來的朋友致候。

一九七八年秋，中國政府對西方的態度完全轉變。現在口號是「四個現代化」。政府公布說被政府充公的財產若能指認的話就可歸還原主。洪業第一次知悉他在中國的財務的下落。他的房子有別人居住，政府說如果他回中國的話，可以要回來，不然的話可賠償若干錢。文革前他的學生把他三萬多卷的書和其他私人用品搬到國子監裡，洪業交代他的學生王鍾翰處理，吩咐王君把有歷史價值的東西都捐獻給學校、圖書館或博物館，書則分送給朋友中做學術研究的人。洪業還有一張他父母親的放大遺照，以及他父親逝世時洪業寫的祭文。他把這些都贈送給他侄兒，讓他知道他祖父母是怎樣的人。

有一些古硯臺，是洪業三〇年代時開始收集的，他曾寫了一篇文章考證硯臺，準備有一天把硯臺分給學生，像和尚傳缽一樣，象徵他的學術工作要讓後人接棒。現在他可以如願以償了。洪業叫王君把硯臺分給在中國的學生。劉子健一九八〇年到中國講學時，也帶了幾塊硯臺出來分給洪業國外的學生。劉子健自己不要，因為他說這一生裡劉家財產已經三次因世亂丟了，不願意再為俗物纏身。

往事繼續在洪業腦中日夜翻騰，他禁不住反反覆覆地思索在中國的舊事，企圖以新的眼光去分析、瞭解過去的一切。有親戚朋友來訪時，他就與他們談通宵，甚至幾夜不眠。他的五弟、弟婦，以及侄女洪籌、侄女婿黃時樞、學生盧惠卿，都陪過他通宵談往事。一九七八年春，經筆者的請求，他開始讓我錄下他的回憶。每星期天下午在他廚房，錄音機開動後，他往往從下午兩點半講到晚上七、八點。這樣錄音持續了兩年多。

即使是洪業最終也得跟歲月妥協。他先是聽覺衰弱，一九七七年左右就常聽不到門鈴響，其後他摔過幾次，冬天地上結凍就不敢去散步了。他說他最怕是瞎了眼睛：「我希望在眼睛瞎之前先死。」幸而他到最後眼神都很好，而且行動一直都很敏捷。

他強迫著自己接受後輩的關照。他的外孫比利來跟他住，洪業就讓他做比較沉重的家務，並讓別的朋友替他買東西、辦瑣事。他有時苦笑說：「老人就像孩子一樣，吃飽了就想睡。」

可是他的談吐始終那麼犀利。一九七九年洪業被邀在哈佛講演，他即利用機會指出郭沫若《李白與杜甫》一書中說杜甫拒絕做河西尉，不願意去窮鄉僻壤，挑肥揀瘦，是大錯特錯了。因郭沫若抄捷徑用《地理辭典》，才以為河西縣那麼遠。其實根據《元和郡縣誌關內道》、《舊唐書地理志》等參考書就可知杜甫的時代河西縣只離京兆之奉先五十公里而已。洪業作了首七律以誌其事，翻印了給聽眾。

讀郭沫若《李白與杜甫》有感

少陵不作河西尉，總為淒涼惡榜笞。
何把近畿移遠地，遽揮刀筆肆誅夷。
半生卓立辟雍外，一語難將駟馬追。
奉告先生詩有教，溫柔敦厚莫更疑。

據洪業想，杜甫不願做河西尉的原因是「尉」等於警察長，主要的職任是杖打犯人，這種事杜甫寧願餓肚子也不屑做。（注：哈佛楊聯陞教授告訴筆者這點是對的，而且依唐朝規矩，河西尉本身也會受杖。）

該年五月四日，是五四運動的六十週年紀念日，當天是個明媚的春日，哈佛東亞學系的學生又請洪業演講，洪業站起來說：「五四運動進行的時候，在座的朋友大概都沒有參加，因為你們不是那個年齡的人。我是那個年齡的人，但我也沒有參加，因為我不在中國而在紐約。我那時在寫碩士論文，所以我對五四運動的認識，跟你們一樣，是從書本上得來的。你們要知道關於五四運動的情形，有兩本書可看。其中一本可說已成為經典，是周策縱寫的；他就是在哈佛寫這本書的，所用的資料都在這兒。另外曹汝霖的回憶錄現在也出版了，對周策縱的書有可增補的地方。」

洪業對五四運動略加介紹後，結尾說：

我雖沒有參加五四運動，但後來也出過一份小力量。巴黎和會散了之後，中國南方北方的代表很多都取道美國回去，點燃了我們留美學生的愛國熱情。我到美國各處演講，什麼地方有人肯聽，我就到什麼地方。無論是扶輪社、同濟會、縫紉婦女會，我都去。從一九一九年底至一九二〇年間，我至少做了一百次演講……

一九二〇年，我私底下很敬慕的威爾遜總統落選，而我公開擁護但私底下很討厭的哈定總統上了臺。他開了華盛頓會議把山東半島歸還中國。

洪業講完後學生熱烈鼓掌，然後大家喝啤酒吃叉燒包。人散得差不多以後，陸惠風教授說要開車送洪先生回去，他謝了，說有腿，跟同方向的周杉與筆者一起走路回去。在路上洪業說五四運動發生的時候，周策縱才一歲，隨即他提起五四運動中好幾個人物。談到傅斯年，他說：

傅斯年是很有學問的人，他批評我做引得這東西很機械，是不能登大雅之堂的，而且說我學問膚淺。他批評《水經注引得》，有人就提議他寫信給我改正。他說有兩個大毛病：第一，講到某卷某頁，找不到，他說大概是你用的版本與我不同。我看了，果然對，序是鄭德坤寫的，忘了寫是什麼版本；我寫信給他說是王先謙刻出的《合校水經注》。第二，他說我英文把它叫 Commentary on the Water Classic，因不只是一條水，應是 Waters Classic；他不知這裡 Water 當形容詞用，不用加 s 的。

以後他要作一篇論文，聽說我們要做《春秋經傳引得》，就煩我們抄了卡片上《左傳》的東西給他。

洪業又說：

顧頡剛告訴我傅斯年的書房裡掛著一副對聯，說「六親不認，四海無家」，你看他好大的氣魄！有點像曹操「月明星稀，烏鵲南飛；繞樹三匝，何枝可依？」的意味。這些人都有點霸氣，可是後來大多參加了國民政府。

一九七九年十月，經哈佛人類考古學系主任張光直的安排，社會科學研究院的王仲殊及徐萍芳先生自北京到哈佛講漢代出土文物。筆者請他們兩位，以及洪業、柯先生來吃晚飯。徐萍芳是洪業摯友鄧之誠與學生翁獨健的高足，還從北京帶了信給洪業。洪業高興極了，下廚炒龍蝦，名其菜為「五族共和」，因為有五個顏色：紅（龍蝦）、綠（芥菜）、黑（豆豉）、黃與白（雞蛋）。

整個晚上，洪業迫不及待地問，某某人、某某人在「四人幫」時怎麼樣？還在吧？兩位遠客或說自殺了，或說打入牛棚，或說還好沒受干擾。但洪業所問的人，除少數例外，差不多全過世了。

「唉！」洪業嘆氣說，「過世了、都過世了！杜甫有句詩說『訪舊半為鬼』，我現在是『相知多為鬼』。」

剛在打盹的柯先生抖擻起精神來說：「洪先生呀，咱們都老了。」

洪業說：「不久都過去了。」

洪業又問文物，知道明人米萬鍾的勺園圖仍在北京大學，福開森捐獻給金陵大學的圖書仍保存在上海，頗為欣慰。因徐先生是山東人，洪業便特別問孔廟的石碑怎麼樣，聽到大部分沒受損壞，洪業建議用有機玻璃（plexiglass）封起來，想一想又說：「可是事有輕重先後，現在人民還吃不飽呢，這些弔古的事恐怕還得再等等。」

接著問濟南某泉，徐萍芳說還在。洪業感慨地說：「這可真奇妙，八十年前我父親在濟南作官時我見過這泉，八十年來它還潺潺不停地流著。」

徐萍芳說：「也許水比以前小了。」

洪業說：「恐怕不久也過去了。」

一九八〇年二月二十日，外子朗諾當時在哈佛開了一門中國文化的課，請洪業講一堂，題目是「中國傳統的教育與考試制度」。洪業以前常在哈佛客串做講師，他不知道這是最後一次了。那天他興奮得很，在講臺上走來踱去，比手劃腳地對一百多個學生講他父親做文具店學徒，怎樣因為會背誦幾句古書而得鄰壁的教師欣賞，收他為學生。又講他自己小時候所受的那種為應試中舉的教育。他身體往前屈，高聲鄭重地對學生說：「以前中國的考試制度目的是為政府培育順從聽話的官吏，雖然《孟子》說『天視自我民視，天聽自我民聽』這些好聽的話，但一般來說中國的政府不是為人民的，所以皇帝政權一定得推翻，要建立一個民主的政府。」

洪業講了五十分鐘，談到現在中國的情況，說道：

現在所謂的「四人幫」被打倒，又要搞學術、講紀律了。他們覺悟到中國的弊病不能都推到孔子頭上。這也許是往後走，但是有時候，要進步是要先往後走的。

又說：

我今天要以一個小故事做結束。從前有個小男孩叫詹尼，他有一天到學校遲到了。老師問他：「詹尼，你怎麼遲到了呢？」小詹尼說：「因為今天早上魔鬼纏住我的腳，我每次往前走一步，就得往後退兩步。」老師說：「那麼我就不懂你怎麼有本事來到學校的？」小詹尼說：「那可容易，我轉過身，倒著來就是了。」

那天全班二十來歲的美國孩子都被這八十六歲的中國老者懾服了。他敘述節奏的緩急把握得準極，讓他們屏著氣息地等他的每一句話，講到故事結尾全堂哄笑起來，給他鼓掌足足有五分鐘之久。

該年三月，他又跌倒，這次是他早晨按慣例做十五分鐘體操時，摔下來用手肘頂著身體，結果一條肘骨折了。醫生替他包了石膏，叫他第二個星期不要到新澤西州普林斯頓開禱告團契會會議。可是禱告團契會得了兩百萬美元後，由寂寂無聞的小團體變成個糾紛很多的機構。洪業覺得其中有一個人想自私攬權，便慢慢收集證據要阻止此人，他覺得這會議不能不去，結果去了，而且凱旋而歸。

夏季悄悄地來了又去了，他外孫媳婦班妮與外曾孫女頓妮來看他。班妮與外孫比利替洪業把飯廳重新油漆過。洪業接待了幾位從北京來的遠客，包括與他一起入獄的侯仁之，還有學生齊思和的女兒齊文穎，兩人都是北京大學的歷史教授。不用說他們都陪了洪業談通宵。

十月二十七日是他八十七歲生日。數年來一直都有五十多個新舊朋友來向他祝壽，有中國人，也有美國人，一些哈佛的教授和學生，還有大女兒、外孫、外孫女都來了。這次洪業特別高興，因為他的侄女洪範遠從四川來。洪範是洪業三弟洪紳的女兒。洪紳是國民政府官員，一九四八年洪範在上海失蹤了，洪紳帶著家眷跟政府遷臺以後，完全再沒有女兒的消息。一直到一九七九年洪紳已故後，洪籌到中國觀光才與姊姊聯絡上，原來那時洪範跑去參加了共產黨。

十一月，洪業逝世之前六星期，他的美國姊姊來劍橋看他，她自己已是九十歲的老婦人，卻比洪業還要精力充沛。她剛出版了一本書，是本捷克國父馬薩里克女兒的傳記。洪業已經決定要把他與洪夫人的骨灰歸葬在麻州泊泊利鎮，克勞福德家墓裡，他們兩個人談論洪業的墓碑要怎麼寫。

十二月十六日夜裡，洪業忽然神志昏迷，向身邊的孫兒講福州話，被送入醫院。筆者接到電話，叫我去翻譯。到院看見他因肺部充液呼吸困難。醫生替他上上下下插接了好幾種管子。他看見我進來，趕快用手描字。我看到他這樣子，心都酸了，慌張恍惚地快半個鐘點才明白他的意思。他要醫生把管子都拉出。醫生先是說不行，管子拉出洪業就會支持不住。我記得前些時候洪業親妹妹洪沚蘋在臺北逝世，洪業接到消息後很氣憤地說她已經病危數月，醫生不應該用人工強硬地延長她最後一口氣，讓她活受罪。洪業認為這是醫院榨取金錢的玩意兒。我於是對醫生堅持說這是病人的意思。最後醫生覺得他既已八十七歲，內部大量出血，生機渺然，遂尊重他的意思把管子都拉走。洪業睡了一覺，第二天神妙地像是無事了，一直到二十二日去世前，親友紛紛來看他，他談笑風生，彷彿往日，而且決意回家。二十二日早上，正等待救護車送他回家時斷氣。

洪業的後事由柯立夫與劉子健處理，在北京的事由王鍾翰善後，較有價值的書物捐獻給北京圖書館及中央民族學院，其餘的賣了一萬元人民幣，設立了五個獎學金給北京大學及中央民族學院的學生。

翌年四月十四日北京開了個洪業追悼會，有三百多人參加，不少是「文革」浩劫餘生的學者。五月三日哈佛在校園內的大教堂也舉行了個隆重的追悼會，數百人參加，包括恰好在美國的侯仁之和周一良。一九八二年六月一日，匹茲堡大學也開了個紀念會，他的美國姊姊及學生王伊同、鄧嗣禹、周一良都發言（洪業在美寓存書，有一部分送給匹茲堡大學）。

北京中華書局於一九八一年出版了《洪業論學集》，是翁獨健與王鍾翰編的，把他用中文寫的主要學術著作都收在內。上海古籍出版社一九八三年重印了洪業編纂的引得多種。《杜甫：中國最偉大的詩人》由哈佛出版將近一個甲子後，中國學者曾祥波訪問威斯康辛大學觀覽漢學著作時，發現此書，立意把它譯成中文，二〇一一年由上海古籍出版社出版，正好迎上翌年杜甫一千三百年誕辰。洪業在冥冥中有知的話，必然會為中國又重新整理國故而慶幸。與他同一代的很多知識分子一樣，他渡了洋回國還是深信老祖宗的產業是有價值的，問題只在何取何捨。

附錄

洪家三代女人的悲劇

顧頡剛、洪業與中國現代史學

洪家三代女人的悲劇

靠了數層奇緣，《洪業傳》在美國由哈佛東亞研究社出版後，中文版在臺北和北京相繼面世，讓認識洪先生的學生朋友都有機會享受他的回憶，我鬆了一口氣，感覺上像把洪先生的棺木送回故國，該做的都做了。我也江郎才盡，打算把錄音帶都捐送給哈佛燕京圖書館，以後若別人要處置這些材料，自有他們的觀點和方法。

但錄音帶裝了箱，卻遲遲不想寄去，因為我有一件事在心頭，不知道應不應該交代。要交代嘛，我對這事情不甚清楚，很多關節都只能猜臆；不交代嘛，這事跟洪先生有關，而且前年爆發了相當轟動的新聞。

洪先生逝世後，他的外孫媳婦收拾房間時，找到一些文件與照片，拿來給我看，我看了很震驚。我在傳記上是這麼寫的：六十多年後，洪業講到他與江安真的婚事時，一向率直坦白的他反而含蓄起來，輕描淡寫地便抹過去了。他僅提到他患上西班牙流行感冒，差點送了命，江安真來看護他。他們一九一九年結婚，並在紐約行了婚禮。然而洪業逝世後，我們在他遺下的文件中，發現他們行了兩次婚禮。有一張結婚證書是維吉尼亞州一個長老會牧師署名的，日期是一九一九年三月五日。另有一張很精緻的寄往親友的卡片，宣布他們在一九二一年一月廿二日在紐約成婚。洪家大女兒與二女兒的出生日期為一九一九年七月十二日與一九二一年七月五日。這些文件提供的資料，顯示他們的長女，英文以洪業的「美國姊姊」璐得為名的靄蓮，在他們維吉尼亞州婚禮後四個月出生；英文以克勞福德夫人歌特魯德為名的靄梅，則在紐約宣布結婚五個多月後出生。用今天的眼光看，這沒有什麼了不起，尤其是當事人事後建立了一個正常家庭，更無可微言。但在當年，這一連串的事情，很可能在他們兩人的生活上形成一種陰影，產生了或多或少的罪惡感、憂慮及羞恥。洪業與江安真對這件事如何處置的詳細情景，我們不清楚，但江安真對母校維頓女子大學報告生活近況時，指靄蓮是洪家收養的一個孤兒。

其實，我看到結婚證書後，曾到匹茲堡訪問洪先生的「美國姊姊」璐得·克勞福德·米切爾夫人（Ruth Crawford Mitchell）。洪先生與他的美國姊姊關係非常密切，她是聖路易市一位殷商的獨生女，大學畢業後父母親帶她環球旅行，他父親克勞福德先生在福州鶴齡英華學院見到洪業很賞識他，決意鼓勵並贊助他到美國留學。她本身是個很有眼光有魄力的女子，洪先生非常欽佩她，她也非常愛洪先生，兩人半個多世紀一直都保持聯絡。我去看她時，她已九十多歲，仍有點年輕時漂亮的格架，還剛出版了一本書，是捷克國父馬薩里克女兒的傳記。

我問她對洪先生的婚事清不清楚。她對我說：「你知道威廉生命力是很旺盛的，凡是生命力旺盛的人，性慾都很強。江安真趁威廉病重，揩他便宜，後來還對人說大女兒是收養的，誰能相信呢？女兒整個是洪威廉的樣子。江安真是個廣東窮家女，被賣到夏威夷姓江的人家，那人家很凶，天天毒打她，有對美國夫婦看不過眼，把她要了去，養育她並讓她受好教育。可是她這個人虛榮心重得很，譬如她三女靄蘭過身後，留下點錢，她就想盡辦法把外孫兒女安插進最名貴的學校，我跟她說孩子很難適應那種環境的，她不肯聽。」

我當時聽了左右為難，江安真的身世我應不應該寫呢？我認識洪先生時，洪太太已經去世，所以沒有見過她。洪先生從來沒有向我埋怨過洪太太半句，還稱讚她能幹。我本來對洪太太沒有多大興趣，也沒有追問。我要替洪先生作傳的動機，主要是要多認識中國現代史，同時因自己是在各種文化衍生雜陳的菲律賓長大，對自己的文化認同很迷惘，洪先生這位老者卻似乎古今中外都能應付裕如，我希望能藉瞭解他的成長過程，獲得他的祕訣。

女人和女人間的關係自來是沒有規範的，兩個女人半個世紀同愛一個男人，儘管愛的性質很不同，其中恩恩怨怨誰搞得清楚？米切爾夫人脫口而出的話不一定可靠。清官難斷家務事，江安真的故事歸她的故事，我不願意多研究。米切爾夫人還告訴我洪家二女靄梅是自殺死的，詳細情形我也沒有追究。

書出版後，我寄了一本給洪先生的長女靄蓮，她來信說很高興我替她父親作傳，書裡很多事情她以前都不知道。以後我們至少每年都交換一次賀年卡，一直到她去年逝世為止。

除了靄蓮外，我也跟洪先生的侄女交換賀年卡，有很長的時期也跟洪先生外孫媳婦即靄蓮的兒媳，保持聯絡。偶爾還跟一些認識洪先生的燕京老校友書信往來，包括一位珍妮特．羅德斯（Janet Smith Rhodes）女士。

大約七年前聖誕節左右，羅德斯住在我們小城的妹妹打電話來說，羅德斯女士從東岸來了，想見我，請我們一家去吃晚飯。羅德斯的妹妹楊羅蒂．柯禮鄂（Dorothea Smith Coryell）在我們這加州小城裡算是名人，這位七十多歲的美國老太太講一口京片子普通話，原來她是在北京長大的，父親曾在清華和燕京大學教書。她和丈夫住在一棟臨海的老房子，給我們預備了豐盛的晚餐，談起來原來她們與洪家在北京是鄰居。飯後羅德斯女士告訴我說，靄蓮寫信給她，說看了我的書才知道她父母親的婚事，而且她母親對人說她是養女。她說洪太太常毒打她，不讓她吃飯，洪先生則悄悄把她帶到書房給她糖吃。我聽了很震撼，暗自慶幸我書已經出來，不然替洪先生作傳還得處理這棘手的問題。

前年，一九九六年十月廿四日，洛杉磯版的《世界日報》登載了一條新聞，標題為「賓大校園宣揚和平無人理，激進女子引火自焚驚四鄰」，還有一張她生前在賓州大學揮旗跳舞的照片。我一看就驚叫起：「哎呀，洪先生的外孫女自殺了！」

外子問：「你怎麼知道她是洪先生的外孫女？」

我說：「我們見過她的，一九八〇年在洪先生八十七歲的生日晚會上。她又高又瘦，長得像個模特兒，你一看到她就問哪來這麼標緻的女子？還跑去跟她聊了一陣。你忘了？她改變了很多，但還認得出，還有洪先生的影子。洪先生一直都很為她擔憂，因為她到處流蕩。她母親也是自殺死的。」

報上說叫凱西・錢吉（Kathy Change）的一個四十六歲華裔女子於廿二日冷靜地走到校園中心一個大型和平雕像旁，朝自己的身上倒汽油點火自焚，在五十人圍觀下死亡。錢吉多年來幾乎每天在校園附近彈奏音樂宣講，常穿著緊身T恤衫和丁字褲比基尼泳裝，揮旗演講，似乎沒人注意她，她經細心計畫終於以自殺吸引了人們的注意。她事先分發給學生的聲明書中說：「我的真正目的是要引發一場有關如何和平改變我們這個世界的討論，我奉獻自身，作為反對戰爭的警報，作為自由的火炬。」

報上又說廿三日整個上午人們陸續來到和平雕像旁留花、燃燒的蠟燭和彩珠，還有一隻氣球，上面寫著：「紀念一個在痛苦中生存和死亡的人。」

報上說錢吉的身世似乎是個謎。她原姓張，後改名為錢吉，英文意為「轉變」，住在費城一個貧窮社區，一次受電臺採訪時，她說她父親是一名工程師，祖父是哈佛大學一名教授，一位最近採訪過她的學生說：「你和她談話時，她表現正常，善於言辭，她可能是一名教授，或一名研究生。」

同年十一月二十日《紐約時報》以相當大的篇幅分析凱西自殺的原因，並介紹了她的家庭背景。說她一九五〇年出生，祖父是哈佛教授洪業，母親是個作家，父親是個工程教授。她十多歲時，父母親就離婚了，凱西那時就首次嘗試割腕自殺，從此腕上留了疤痕。十四歲時她和她母親一次頂嘴的第二天，上課前去叫她母親起床，發現母親不動，竟然服毒自殺了，鼻邊留了一灘眼淚。她中學畢業後讀了幾年大學。

《紐約時報》登載了她中學時拍的照片，樣子很明媚，長髮披在一旁，還有她一九八二年年輕漂亮時在費城與人跳舞的照片，以及她最近在和平雕像前抗議示威的照片；報導她廿一歲時曾和一位相當有名氣的華裔戲劇家結過婚，五年後離婚時她又曾吃藥嘗試自殺；此後她精神就很脆弱，除了寫過一本給小孩看的圖書外，就沒有做過別的正經事，這本書是關於來美國建鐵路被人欺凌的華工。她日記上說她一九七八年靜坐時發生了個幻象，「我突然間覺得自己不再是輸家了，老實說我覺得我就是救世主，我本來低沉的自尊心一下子升到高天去。」

根據《紐約時報》的報導，她一九八一年搬到賓州大學附近，每天獨自抗議示威，勸人反對核武器、反對戰爭、讓大麻合法等等。她曾獲得筆遺產，撥出三萬元把一棟破樓重修了，得到當地左派報紙譽為「這個月的自由鬥士」。可是她把錢用光了，最後一個打擊是向她父親要錢補牙，父親不肯；更讓她沮喪的是她一個人示威已經沒人理會。

記者走訪了不少認識凱西的人，讀過凱西遺下的日記，結論主要是她來自一個顯赫的美國華人家庭，這個環境要求人人都光耀門楣，只許成功不許失敗。她既然不能按牌理做贏家，只好幻想做救世主。記者說他不能肯定凱西真正患了精神病，因為她對自己的幻想和恐懼出奇地客觀，甚至常訕笑自己無理。

凱西自殺那天早晨，她把宣言分送給好幾個朋友和賓州大學的學生，說她要犧牲自己。有個朋友對記者說：「我相信她是要人家阻止她的，可惜沒人把她送的包裹打開，來得及搶救她。」

像凱西，像她的母親靄梅，都是非常聰明美麗的人。她們的自尊心怎會那麼脆弱，動輒自戕呢？靄梅、凱西的自殺，跟江安真童年受虐待有沒有關係呢？我們也許有點線索。

去年又是聖誕期間，我接到羅德斯女士的卡片，說自己身體不好，正在整理文件，問我洪靄蓮寫給她的信應怎麼辦。我說寄來給我好了，我正預備把洪先生的錄音帶寄到哈佛，可一起寄去。不久掛號件就收到了。其中有封靄蓮一九八八年寫的信：

親愛的珍妮特：

我很高興你覺得父親的傳記寫得很有意思。我兩星期後也收到一本，我也覺得寫得好，講到的事我大半都本來不知道，尤其是關於我們家庭的歷史。雖然說，父親過去為了闡明他的立場，往往就說，我以前在福建長大時怎麼怎麼樣，或者在山東時怎麼怎麼樣，但母親的身世對我們向來是個暗謎，客人來訪問起來，她最多提到她在哥倫比亞大學師範學院讀書時，在青年會認識父親。

你告訴我我母親對人說我是收養的，對我是新聞。只記得小時候曾聽傭人講過，但我那時以為傭人可憐我受母親虐待，捏造謠言。你一定聽說過我每天都受母親無理毒打，我到學校去還引以為傲地讓同學看我手足上的鞭痕，無怪乎我從小便叛逆！我有幾次甚至離家逃跑，躲到我們姓吳（音譯）的廚子家，但每次都被送回家受鞭打，不給吃晚飯就上床。我也不懂我為什麼還是老這麼胖……我常常沒晚飯吃，大家在院子裡乘涼聊天時，楊媽才敢偷偷送點剩肉或包子給我吃。我一直到住校後才天天正經吃飯。我父母親老思想覺得不打不成器，母親尤其厲害。

我想你講的「罪惡感」很對……那時候這種事情是不能講出去的。加上我本身不聰明，長得不好看，對母親必定簡直是個磨難。那怪不得一切都要完美的她，決意不要承認是她生的！數年前我兒子媳婦離婚時，媳婦告訴我她聽說我出生那晚，俄亥俄大河河水泛濫，把鐵路都淹沒了，母親只好到俄亥俄河谷縣政府醫院生產，而我又瘦又難看，而且又是個女孩，母親非常失望，真想把我扔到河水裡，可是父親畢竟勸她讓我活下來，說孩子往往長大了就不難看。我長大了還是面貌平庸，但因為我長得像父親，他可憐我，盡可能讓我好過一點。

父親好多次帶我到他書房裡給我一點糖吃，如果我被鞭打得特別厲害還給我一點薄荷酒喝，酒他是藏在書堆後的，他對我說母親不知道他藏酒的地方。有時候他還讓我躺在長沙發上，跟我講經書上的故事；我平靜下來後他替我在鞭痕上塗膏藥，然後拉著我的手說：「這是我們的小祕密。現在，我要你對母親道歉，說你錯了以後不敢再做了。」我就抗議說：「但是，爸爸，我沒做錯呀！」他就說：「不管了，媽媽今天不舒服，你對她道歉就是了。」他就拉著我的手，一直到我向母親道歉才放開我。我道歉後父親還對母親說一聲：「她知道錯了。」然後才嘆息轉身回書房。

父親的書房老是鎖著的，不經他允許沒人准進去，包括母親在內！因為父親和我有這個祕密，我不太介意處處要讓靄梅。她比我聰明，比我好看，母親偏愛她，她從不被鞭打，我嫉妒她。有一次我實在忍不住了，想了法子陷害她，母親重重地摑了她一巴掌，她馬上暈了過去，母親嚇壞了，從此不敢對她動手。我卻遭殃了，老被鞭打。母親一定覺得很挫敗，她總是鬧頭痛。

你若有時間我可以告訴你我一生的事，我覺得自己終於有能力支配自己的生命。蠻有意思的，但有些部分很悲慘。我似乎對自己已經達到某種肯定，釋然地在自己的能力範圍內，用自己的方式做自己的事。我自認沒法效仿我父親，雖然他對我的人生哲學影響很大。

是的，我父親是個很令人佩服的人，我很遺憾我們不能更親密，是環境使然……父親去世前最後幾年間，我們比以前較密切，而且達到互相瞭解的地步……

還有一封信是一九九〇年十二月五日寫的：

……一九七九年八月我們最後一次輕鬆地交談。大家上床後我到他房裡談家事，談到三更半夜。他從來就是夜貓子，愈晚愈有精神，他對我說應該把自己的經驗寫下來，對別人也許有幫助。他說：「沒想到三個女兒中你活得最長。你兩個妹妹都那麼聰明、漂亮，都有學位……上帝一定生我氣，把我最寵愛的提早取走，剩下一隻黑羊。」他又說：「你一向就很實在，完全沒有名望富貴的願望，你看，現在還是個平平凡凡的勞動分子，大半時候一分錢都沒有，但你樂於其中。這不是我會替你選擇的生活方式，但你很早便離家，不聽我們的話，過你自己的生活，我們對你沒辦法。後來我們要資助你兒子，你也拒絕了。上帝一定特別眷顧你，因為你兒子比利結果還是蠻好的。」

我們現在都知道，被虐待的女孩，做了母親後都有虐待自己的女兒的強烈傾向。江安真自己被虐待，悲劇在她孩子身上重演，被虐待的孩子最主要的特徵是自尊心極其脆弱。長女靄蓮被虐待了，但她本性倔強，不肯屈服，一有機會就反抗，到了美國就嫁了一個不會講中國話的華裔美國小兵，完全脫離了她父母親的社會階層，反而可以平淡地度過餘生。二女靄梅是被寵的一個，江安真可能把自己的願望都寄託在這女兒身上，但她對這女兒的愛是有條件的，她給女兒的信息很可能是：「你聰明美麗出眾，可以讓我引以為傲，所以你被寵；你如果讓我不高興，就像你姊姊一樣，不值得愛了。」所以靄梅有一天覺得自己挫敗了，便連活都活不下去。

這種價值觀念很容易被傳到第三代的凱西。

凱西最可憐了，在美國長大的女孩，十二歲到十六歲本來就是個心理很不穩定的時期，她先被父親遺棄，後來母親也遺棄了她。我猜想她對自己的文化認同很迷惘的，招蜂引蝶的美貌又讓她有個錯覺，以為不尋常的事情隨時可能在她身上發生，讓她難以也不甘於平淡地過日子。反戰、反核、要求讓大麻合法，在美國大學校園裡都是不具爭議的話題。她開始抗議示威時，大概有不少人好奇，跑去和這美麗的女子交談，讓她交了不少能肯定她的朋友。但她每天每月每年都在那裡，姿色消退後還穿著令人詫異的服裝要引人注意，人家便把她當瘋子，對她視而不見，聽而不聞，她便覺得全世界遺棄了她，而且懷疑自己瘋了。最終窮途末路，一把火把自己焚燒了，以死來肯定自己的價值。

人生在世，最重要是要感到自己在世界上應占有一席，不管怎麼樣自己的生命是值得珍惜的；如果一個孩子的父母不珍惜他的性命，那麼這孩子便養成一種基本性的惶恐不安，隨時需要外界的肯定。中國自古來弱女子一句話，「我死給你們看。」以犧牲自己的性命作為抗議，再沒有更壞的打算了。最厲害的是投井自殺，危及一村人的水源，不為什麼，只為表明「我生時在你們眼中雖微不足道，至少死後讓你們諸多不便。」

洪先生在洪家這三代女人的悲劇中扮演了什麼角色呢？洪先生對被欺凌的女子一向很同情的，他從小就很同情被祖母欺凌的大伯母，這在《洪業傳》第二章詳細講到。但他也自小就對性格強硬做事果敢的女人特別景仰。洪先生自己的祖母和母親就是這樣的女人。洪先生和江安真結婚，除了因江安真有孕外，很可能也因她童年的創傷令洪先生對她倍加憐愛，洪先生對她的辦事能力也很欣賞。

洪太太凌虐女兒，洪先生反應如何呢？他主要是把自己與家裡的大小風波隔離起來，家人不經准許不可步入他的書房；另外，他又對被凌虐的孩子祕密伸出援手。為什麼要祕密呢？因為在父嚴母慈的社會裡，母親管教女兒，父親是不過問的。儒家倫理向來對婆婆虧待媳婦，母親凌虐女兒，沒有化解的模型，母不慈女還是要孝。我在《洪業傳》序裡說，我發現洪先生雖然生活洋化，而且受基督教影響很大，但跟他同代的知識分子一樣，雖不以儒家自居，但骨子裡是傳統的儒者，這又是一證。這不是說如果洪先生全然西化了他家裡的悲劇就不會發生，但他處理的方式肯定不同。

三個女兒中，最小的靄蘭童年大概最愉快。因為洪先生提到靄蘭小時很逗人笑。靄蘭出生後，洪家的生活穩定多了，也許洪太太隨著歲月為人也圓熟些，洪先生也有比較多的閒暇與心情享受天倫之樂。

洪家的孫兒輩情形我更不清楚，只知道洪先生很關心他們，常和他們通信。他特別疼愛曾外孫女（靄蓮的孫女）頓妮。

凱西的悲劇，據我以上猜臆，是數種因素的匯合造成的，但不能排除洪太太幼時受創傷的烙印，輾轉傳了給她。她開始出問題的時候，洪先生已經年老，對這個極端叛逆又極端需要肯定的外孫女非常關懷，但愛莫能助，只能夠與她保持聯絡，她伸手要錢時就寄點給她。洪先生八十七歲生日晚會我們見她時，她還不到三十歲，已經離過婚並流蕩了一個時期；年尾洪先生去世了，劍橋的房子出賣後凱西分得一份遺產，足夠讓她生活穩定一陣子，但她錢花完了還是繼續走下坡。

我們長大成人後，總以為自己已把童年遠遠拋棄在後，但我們童年的經驗，是好是壞，都隨時支配著我們的潛意識，一不小心它就作祟，尤其當我們備受壓力時；連洪先生洪太太都不能倖免！

陳毓賢　一九九八年六月

顧頡剛、洪業與中國現代史學

余英時

一九八〇年年底中國史學界不幸失去了兩位重要人物：顧頡剛先生和洪業（煨蓮）先生。兩位先生都是一八九三年出生的；逝世的時間也僅僅相差兩天：洪先生卒於十二月二十三日，顧先生卒於二十五日。

顧先生是蘇州人，系出著名的吳中世家，早年所受的是中國傳統的經史教育；洪先生原籍福建侯官，早年就受到西方基督教的影響，並且是在美國完成正式教育的。但是儘管他們的家世和文化背景都不相同，在史學上兩位先生卻很早就是志同道合的朋友了。洪先生是一九二三年從美國回到燕京大學任教的，這正是顧先生以《古史辨》轟動中國學術界的一年。洪先生在美雖治西洋史和神學，但回國之後治學的興趣很快地就轉到中國史方面來了。這是和當時胡適之、顧頡剛諸先生所倡導的「整理國故」的運動分不開的，而顧先生對他的影響尤大。洪先生生前曾屢次和我提到這一點，絕不會錯的。一九二九年顧先生到燕京大學歷史系來擔任古代史的教學，他和洪先生在學術上的合作便更為密切了。最值得紀念的是他們共同發現崔述夫婦的遺著和訪問崔氏故里的一段經過。最近顧先生在〈我是怎樣編寫《古史辨》的？（上）〉一文中曾特別回憶到這一段。他說：

當「五四」運動之後，人們對於一切舊事物都持了懷疑態度，要求批判接受。我和胡適、錢玄同等經常討論如何審理古史和古書中的真偽問題。那時我們就靠了書店主人的幫助，找到了這部《崔東壁遺書》。後來我同幾位燕京大學的同事在圖書館裡找到了崔述的《知非集》，又組織了一個旅行團到大名去採訪，看到了他墓碑上的記載，又借鈔了崔述的夫人成靜蘭的《二餘集》，崔述的筆記《荍田隨筆》。（英時按：原名《荍田剩筆》，顧先生誤憶。見《中國哲學》第二輯，一九八〇年三月，三三七頁。）

這裡所說燕京大學的同事其實主要是指洪先生，因為《知非集》是他在燕大圖書館中發現的，而〈崔東壁先生故里訪問記〉一文也是由洪、顧兩先生共同署名發表的。（均見《崔東壁遺書》，臺北河洛出版社影印本，一九七五年，特別是顧先生在《遺書》〈序〉中對洪先生表示感謝的一段，見三頁。）顧先生不提洪先生之名，大概是有所顧忌，而胡先生因為已獲得公開的「解放」，所以反而不必避諱了。

洪、顧兩位先生恰好代表了「五四」以來中國史學發展的一個主流，即史料的整理工作。在這一方面，他們的業績都是非常輝煌的。以世俗的名聲而言，顧先生自然遠大於洪先生；

「古史辨」三個字早已成為中國知識文化界的口頭禪了。但以實際成就而論，則洪先生絕不遜於顧先生。洪先生三十歲以後才專治中國史，起步比顧先生為晚，然而顧先生由於早年遽獲大名之累，反而沒有時間去做沉潛的工夫。所以得失之際，正未易言。最後三十多年間，他們兩人的學術生命尤其相差得甚遠。顧先生受政治環境的影響太大，許多研究計畫都無法如期實現。例如《尚書》譯注的工作，在「古史辨」時代即已開始，六〇年代在《歷史研究》上續有新作，但全書似乎未及完篇。（最近兩年發表的有關《甘誓》、《盤庚》諸篇主要都是由他的助手代為完成的。）所以就最後三十餘年而言，他的成績不但趕不上「古史辨」時代，而且也不能與抗日戰爭期間相比；因為即使在抗戰的那種困難條件下，顧先生尚能有《浪口村隨筆》之作。（後來正式出版的《史林雜識》即是其中的一部分。）這實在不能不令人為之扼腕。對照之下，洪先生在同一段時期卻仍能不斷地在學問上精進不懈。洪先生是在一九四六年春間應聘到美國哈佛大學來講學的。據他有一次談話中透露，他當初只打算在美國住一、兩年，借以補足戰爭期間接觸不到國外漢學研究的缺陷。但是後來中國的政治局勢變化得太快，他終於年復一年地在美國住了下來。

從一九四六年到一九八〇年，洪先生發表了許多分量極重的學術論著。舉其犖犖大者，英文專著有《杜甫：中國最偉大的詩人》（上下兩冊，哈佛大學出版，一九五二年），英文論文有〈黃遵憲〈罷美國留學生感賦〉譯注〉（《哈佛亞洲學報》，卷十八，第一、二號，一九五五年六月）、〈錢大昕詠元史詩三首譯注〉（同上，卷十九，第一、二號，一九五六年六月）「A Bibliographical Controversy at the T'ang Court」（同上，卷二十，第一、二號，一九五七年六月）、〈A T'ang Historiographer's Letter of Resignation〉（同上，卷二九，一九六九年）。中文論文之較為重要者則有〈破斧〉（《清華學報》新一卷，第一期，一九五六年）、〈再論臣瓚〉（同上，新三卷，第一期）、〈〈韋弦〉、〈慎所好〉二賦非劉知幾所作辨〉（《中央研究院歷史語言研究所集刊》第二十八本下冊，一九五七年五月）、〈再說西京雜記〉（同上，第三十四本下冊，一九六三年十二月）。

凡是讀過洪先生論著的人都不能不驚服於他那種一絲不苟、言必有據的樸實學風。他的每一個論斷都和杜甫的詩句一樣，做到了所謂「無一字無來歷」的境地。但是洪先生晚年最精心的著作則是劉知幾《史通》的英文譯注。他對《史通》的興趣發生得相當早，認為這部書是世界上第一部對史學體例進行了系統討論之作。因此他發憤要把它譯出來，讓西方人知道中國史學造詣之深和發展之早。前面所列的單篇論文，其中不少便是《史通》譯注的副產品；而一九六九年的〈A T'ang Historiographer's Letter of Resignation〉事實上即是《史通》〈忤時〉篇的譯注。由於他的態度認真，不肯放過《史通》原文中每一句話的來歷，譯注工作所費的時間幾乎到了不可想像的程度。記得十五、六年前洪先生曾告訴我，他已戒掉了煙斗，要等《史通》譯注完成後才開戒。但他究竟最後有沒有照預定的計畫結束這一偉大的工程，我現在還不十分清楚。希望整理洪先生遺著的人要特別珍視這一方面的文稿。洪先生為了要整理出一個最接近本來面目的《史通》本子，曾進行了精密的校勘工作，除了他以前在燕京大學所校的多本外，近幾十年來又廣搜各種異本。其中最重要的有臺北中央研究院歷史語言研究所的烏絲欄鈔本（原為明鈔本，是最接近宋刊本的一種），和郭孔延《史通評釋》（這是最早的注釋本，刊於一六〇四年，原藏抗戰前日本人所辦的北京人文科學研究所，現亦歸史語所），以及臺北中央圖書館所藏的明刊蜀本《史通》。我曾不止一次向洪先生提議，請他整理出一個最理想的校本，分別刊行，以取得與譯注相得益彰之效。他表示十分同意我的看法。希望我們能在洪先生的遺稿裡發現這樣一部完美的校本。

洪先生平素與人論學，無論是同輩或晚輩，絕對「實事求是」，不稍假借。他博聞強記，最善於批評，真像清初人說閻若璩那樣，「書不經閻先生過眼，謬誤百出」。一九五八年周法高先生在哈佛大學訪問時曾以《顏氏家訓匯注》的稿本送請洪先生評正，後來周先生告訴我，洪先生曾指出其中可以商榷之處不下百餘條。但是另一方面，洪先生卻又深受中國「溫柔敦厚」的詩教傳統的薰陶，對古人不肯稍涉輕薄。一九五四年胡適之先生曾經多次與洪先生為全謝山問題發生爭論，書札往復不休，主要關鍵便在於洪先生認為胡先生說全謝山吞沒趙一清（東潛）《水經注》校本，是一種不應有的厚誣古人。在十月二十日一封長信中，洪先生特別強調「罪疑惟輕」的古訓；在十二月八日一封更長的信中論及趙東潛〈接謝山札雲典衣得三緡聊助客乏寄謝〉詩則說：

謝山之貧，東潛不容不知。三緡雖無濟甚事，言謝之詩詎可頓違溫柔敦厚之教。業稍讀二家書道及彼此之處，止覺彼二人交誼，終始無嫌。彼此徵引雖亦間加糾正，總見稱是多於言非。蓋從他山之攻，轉顯麗澤之益。此亦儒林佳話，可風來學。（原信影本見《胡適手稿》第六集卷一，頁一四四。）

其實洪先生這幾封信宅心之忠厚，真足以風今世，學問的深湛尚是餘事耳。一九七三年哈佛燕京社的同仁們發起一個祝賀洪先生八十歲生日的集會。我當時曾寫了一首七律為壽。詩曰：

矯矯仙姿八十翁，名山業富德符充。
才兼文史天人際，教寓溫柔敦厚中。
孫況傳經開漢運，老聃浮海化胡風。
儒林別有衡才論，未必曹公勝馬融。

「學際天人，才兼文史」是《舊唐書》劉知幾及其他史官列傳末的史臣評語；「溫柔敦厚」則正是指洪先生的人格修養而言的。末語針對當時中國大陸的局勢而發，所指更是極為明顯。一九七四年我在香港，聽說洪先生在哈佛燕京圖書館看報，讀到那些毫無理性的「批孔」言論，氣憤之至，出來時竟在圖書館大門前跌了一跤，把頭都摔破了，幾乎因此送命。可見洪先生雖從小受西方教育，又信仰基督教，但內心深處始終是一位徹底為中國文化所融化了的讀書人。

我始終沒有和顧先生接觸過，但是通過師友們的平常談話，對顧先生的性情之厚和識量之弘也是十分心儀的。一九七八年十月在「美國漢代研究考察團」的訪問行程中，我們全體團員都希望能見到顧先生，我個人更是高興有此機緣得償多年的宿願。不幸其時適值顧先生因病入醫院治療，不能見客。我曾特別請人轉達個人對他老人家的仰慕之意，他也傳語希望以後在學術上彼此保持聯繫。但是想不到我竟再也沒有機會見到他了。

錢賓四師最近在他的《師友雜憶》中曾多次提到他和顧先生之間的交誼。賓四師和顧先生先後兩度共事，第一次是民國十九年在北平燕京大學，第二次則是抗戰期間在成都齊魯大學國學研究所。事實上，賓四師從中學轉入大學任教便是由顧先生極力促成的。賓四師說：

> 余在蘇中，函告頡剛，已卻中山大學之聘。頡剛復書，促余第二約，為燕京學報撰文。余自在後宅，即讀康有為《新學偽經考》，而心疑，又因頡剛方主講康有為，乃特草劉向、歆父子年譜一文與之。然此文不啻特與頡剛諍議，乃頡剛不介意，既刊余文，又特推薦余至燕京任教。此種胸懷尤為余特所欣賞，固非專為余私人之感知遇而已。（見《師友雜憶》，〈北平燕京大學時代〉章，刊於香港《中國人》月刊，一九八〇年二月號，六五頁）

文中所說「中山大學之聘」，也是由顧先生推介而來的，這種學術為公的胸襟實在少見。

顧先生不但對同輩論學之友虛懷推重，並且對門人後學也汲引不遺餘力，絕沒有一點「好為人師」的矜持。賓四師又記與顧先生在成都的談話云：

> 頡剛人極謙和，嘗告余得名之快速，實因年代早，學術新風氣初開，乃以枵腹騁享，不虞得名。乃歷舉其及門弟子數人，曰，如某如某，其所造已超於我，然終不能如我當年受人重視。我心內怍，何可言宣。其誠摯懇切有如此。（《師友雜憶》，〈成都齊魯大學國學研究所〉，《中國人》月刊，一九八〇年七月號，頁四四。）

我深信顧先生這些話完全發自肺腑，因為這和他平素的作風是一致的。舉例來說，顧先生在民國十九年所發表的〈五德終始說下的政治和歷史〉是現代中國史學上一篇體大思精的文字。但刊布之後，顧先生絲毫不自假滿，一再要友生們表示不同的見解。現在收入《古史辨》第五冊中的不但有朋友輩的商榷文字（如錢賓四師、劉節先生和范文瀾先生），而且還有幾篇學生的批評之作（如陳槃先生、童書業先生、徐文珊先生）。可見他的確相信韓愈「弟子不必不如師，師不必賢於弟子」之說。

在這一點上，洪先生也和顧先生有相似之處。胡適之先生為司徒雷登自傳寫序，曾特別推崇洪先生在燕大收集圖書、出版學報及編纂引得各方面的貢獻。洪先生寫信給胡先生說：

> 拜讀大序，則愧感彌甚。感會惠隆，愧我功薄。圖書之收集，多由田洪都、薛瀛白、顧起潛諸君之力。學報之校訂，幾全由容希白、八媛兄妹之勞。引得之編纂則尤聶崇岐一人之功。

業隨諸君之後，雖亦薄貢其微，不過欲稍滌昔年教會學校忽視國學之羞爾。（見《胡適手稿》第六集卷一，五二頁）

洪先生晚年對他在燕京大學所培養出來的幾位史學家常常稱道不置，如齊思和先生的春秋戰國史、聶崇岐先生的宋史、翁獨健先生的元史、王鍾翰先生的清史，都是洪先生所激賞的，其中尤以對聶先生的情感最為深厚。洪先生認為聶先生不但學問好，人品更是高潔。我個人曾在燕京大學歷史系讀過一個學期，那時系主任正是齊先生；聶先生的「中國近代史」和翁先生的「歷史哲學」都是我曾修過的課程。以我的親身體驗而言，我覺得洪先生對他們幾位的推許絲毫沒有溢美之處，絕不像汪漁洋說白香山推重元微之那樣，乃出於「半是交情半是私」。

近代中國史學的發展歷程上，顧先生和洪先生可以說是代表了史學現代化的第一代。儘管他們都繼承了清代考證學的遺產，在史學觀念上他們則已突破了傳統的格局。最重要的是他們把古代一切聖經賢傳都當作歷史的「文獻」（document）來處理。就這一點而言，他們不但超過了一般的乾嘉考據家，而且也比崔述和康有為更向前跨進了一步。洪先生治學最嚴謹，其專門著作中，往往語不旁涉。所以我們不妨專就顧先生的議論來說明這個問題。

顧先生雖然接著康有為、崔適講王莽、劉歆偽造群經的問題，但他卻早已跳出了今文經學的舊門戶。他曾一再聲明，他只是接受今文學家的某些考證，而並不採取他們的經學立場。因此他堅決地宣布：

> 我絕不想做今文家；不但不想做，而且幾是今文家自己所建立的學說我一樣地要把它打破。（見《跋錢穆評〈五德終始說下的政治和歷史〉》，《古史辨》第五冊，六三二頁）

換句話說，他的目的與經學家不同，不是為了證明某種經學理論而辨偽。甚至對於崔述的疑古辨偽，他也覺得不夠徹底。因此他認為崔氏尚只是「儒者的辨古史，不是史家的辨古史」。在顧先生看來，「要辨明古史，看史跡的整理還輕，而看傳說的經歷卻重。」（均見〈與錢玄同先生論古史書〉，《古史辨》第一冊，五九頁）這樣一來，史學的重心才完全轉移到文獻問題上面來了。蘭克曾說：

> 在我們把一種作品加以歷史的使用之前，我們有時必須研究這個作品本身，相對於文獻中的真實而言，到底有幾分可靠性。（轉引自Leonard Krieger Ranke, *The Meaning of History*, University of Chicago Press, 1977, P.6)

這就是顧先生所謂「史家的辨古史」的態度了。顧先生「層累地造成的中國古史」之說之所以能在中國史學界發生革命性的震蕩，主要就是因為它第一次有系統地體現了現代史學的觀念。所以此說一出，無論當時史觀如何不同的人都無法不承認它在史學上所占據的中心位置。語言學派的史家認為顧先生已在中國「史學上稱王」，有如牛頓之在力學，達爾文之在生物學。（見傅斯年〈與顧頡剛論古史書〉，見《傅孟真先生集》第一冊，上編丁函札類，六二一頁）甚至馬克思派的人也不能不佩服他的「卓識」，並說「舊史料中凡作偽之點大體是被他道破了。」（見郭沫若《中國古代社會研究》，一九五四年版，頁二七四—二七五。）在「史料學」或「歷史文獻學」的範圍之內，顧先生的「累層構成說」的確建立了庫恩（Thomas S. Kuhn）所謂的新「典範」（“paradigm”），也開啟了無數「解決難題」（“puzzle-solving”）的新法門，因此才引發了一場影響深遠的史學革命。除了《古史辨》集結為七厚冊外，還有無數散在各報章雜誌的文字都是在《古史辨》影響之下寫成的。文獻是史學的下層基礎；基礎不固則任何富麗堂皇的上層建構都不過是海市蜃樓而已。顧先生儘管在辨偽與考證各方面都前有所承，然而他的「累層構成說」卻是文獻學上一個綜合性的新創造，其貢獻是長遠而不可磨滅的。把「傳說的經歷」看得比「史跡的整理」還重要——這是中國傳統考證學者在歷史意識方面所從來沒有達到的高度。顧先生並不是從事平面的辨偽，如一般人所誤解者；他是立體地、一層一層地分析史料的形成時代。然後通過這種分析而確定每一層文獻的歷史涵義。例如他和童書業先生合寫的「夏史三論」，把夏代「少康中興」的傳說推定在東漢光武中興之後。（見〈少康中興辨〉一節，《古史辨》第七冊，下編，頁二三三—二五五。）這個假設是否成立是另一問題，但是我們不能不承認這一敏銳觀察充分地表現了現代史學的觀點。陳寅恪先生考釋唐代府兵制前期的史料和〈桃花源記〉的史源，雖然時代不同，其精神也同屬現代的。洪先生的〈春秋經傳引得序〉、〈禮記引得序〉等篇更是現代文獻學研究的傑作。洪先生以〈禮記引得序〉一文而榮獲法國一九三七年度的儒蓮（Stanislas Julien）漢學獎，是完全受之無愧的。

最近幾十年來西方的史學觀念在劇烈的變動之中，史學與文獻（document，廣義的「文獻」不限於文字記載，風俗、習慣、法律、制度等都包括在內）的關係究當如何，目前已有不同的看法。法國當代名歷史哲學家福柯（M. Foucault）認為審訂文獻的真偽、性質、意義，然後再在這種基礎上重建歷史陳跡，這已是陳舊的史學了。新的史學則不取這種被動的方式，而是主動地組織文獻，把文獻分出層次、勒成秩序、排作系列、定出關係，並確定何者相干何者不相干等等。（看Michel Foucault, *The Archaeology of Knowledge*, translated from the French by M. Sheridan Smith, Harper Torchbooks, 1972, pp. 6-7.）其實這一類的說法，聽起來似乎新奇可喜，運用起來卻非常不簡單。它所針對的主要仍是史學中的主觀與客觀的問題。柯林伍德（R. G. Collingwood）強調史事的內在面和史學家必須重演（re-enact）古人的思想也就是要說明主客如何統一。近二、三十年來解釋學（hermeneutics）大為活躍並影響到史學的觀念。解釋學家與「文件」（「text」）或「作品」（「work」）之間的關係正和史學家與「文獻」之間的關係甚為相似。所以有些解釋學家如包德曼（Rudolf Bultmann）也討論到怎樣瞭解歷史文獻的問題，包氏認為無論史學家如何力求客觀，他終不能完全擺脫掉自己的觀點。他並援柯林伍德的理論為助，以強調對歷史文獻不可能有所謂純客觀的解釋。（見包氏的*History and Eschatology*, New York: Harper, 1975, pp. 110-120.）

就中國史學的傳統而言，我們並沒有嚴重的主客觀對立的問題。中國史學一方面固然強調客觀性的「無徵不信」，另一方面也重視主觀性的「心知其意」。強調史學必須主動地運用文獻是無可厚非的。但是如果因此而造成一種印象，使人覺得文獻學的考訂工作完全無足輕重，那將是史學上的一個足以致命的錯誤了。在解釋學方面，近來也有人起而為客觀性問題辯護。義大利法制史家貝蒂（Emilio Betti）在這一方面的貢獻最大。簡單地說，貝蒂承認文件的客觀性離不開解釋者的主觀性。但是他特別強調，解釋者的主觀性必須能透進解釋對象的外在性與客體性之中。否則解釋者不過是把自己的主觀片面地投射到解釋對象之上而已。所以在貝蒂看來，解釋學最重要的第一條戒律便是肯定「解釋對象的自主性」(autonomy of the object of interpretation）。（見Richard E. Palmer, *Hermeneutics*, Northwestern University Press, 1969, pp. 54-56）。

如果我們把貝蒂在解釋學方面所提出的原則應用到史學方面，我們便立刻可以看出顧先生的「累層構成論」不但肯定了「解釋對象的自主性」，而且也在一定的程度上表現出解釋者（史學家）的主觀性已透進解釋對象（文獻）的外在性與客體性之中。許多古代文獻一到了顧先生手上往往都變成了活的材料；這正是因為他一方面嚴格遵守「無徵不信」的信條，而另一方面對於古人的作品則又要求做到「熟讀深思，心知其意」的地步。因此主客之間不但存在著一種動態的關係，而且往往融成一片。不僅此也，顧先生同時又是在「通古今之變」的史學傳統下成長起來的人，他研究古史是和他研究吳歌和孟姜女故事的演變分不開的。前引福柯所謂主動組織「文獻」、劃清層次、建立系列、確定關係……之類的「新史學」，顧先生事實上已做到了不少。這尤其以他後期的歷史作品為然。抗戰期間他以邊疆少數民族的風尚證中原之古史，在昆明寫出了《浪口村隨筆》，使許多本來僵死的古代記載都獲得了新的生命。李亞農氏談到「五四」以後的中國史學，特別是「古史辨」一派時，就曾說過：

由於弄清楚了許多歷史事實，使它有了可能更具體、更深入地認識中國歷史，從而把一部分史實或歷史形象化了，使過去中國人民的生活得以活靈活現地出現在讀者腦筋中來，從而幫助了讀者更具體地去理解業已過去的中國人民的生活。今姑且舉兩個例來說，當著者讀到張蔭麟氏的《中國史綱》（上古篇）和顧頡剛氏的《浪口村隨筆》原稿的時候，就有這種感覺。（見《欣然齋史論集》，一九六二年，「總序」，十九頁）

李氏和顧先生的史學觀點完全不同，因此他談顧先生歷史作品的真實感受也就特別值得注意。

顧先生畢生以「古史辨」為世所知；這裡有幸也有不幸。不幸的是很多人以耳代目，認定顧先生一生的工作純是辨偽。有些人甚至只記得顧先生自己早已放棄的某些錯誤的假說，譬如說：大禹是條蟲。其實顧先生除了辨偽之外還有求真的一面，而且辨偽正是為了求真。他辨偽盡有辨之太過者，立說也盡有不盡可信者，但今天回顧他一生的業績，我們不能不承認顧先生是中國史學現代化的最先奠基人之一。

顧先生的《古代史論文集》和洪先生的《論學集》不久都將問世。這是中國現代史學史上的重要里程碑。中國史學今後將何去何從，現在自未易言。但是無論史學怎樣發展，它永遠也離不開文獻學的客觀基礎。因此我們可以斷言，顧、洪兩先生的著作絕無所謂「過時」的問題：它們將繼續為新一代的史學家提供學習的範例。

一九八一年四月七日《聯合報》登載

十九畫

二十畫

二十一畫

八畫

九畫

中日韓以及有漢名的西方人士名字索引

西方人名索引

洪業傳（增訂新版）

2021年10月二版　　定價：新臺幣380元

著者	陳毓賢
叢書編輯	黃榮慶
校對	蘇暉筠
	吳美滿
內文排版	極翔企業
封面設計	蔡南昇

副總編輯	陳逸華
總編輯	涂豐恩
總經理	陳芝宇
社長	羅國俊
發行人	林載爵

出版者	聯經出版事業股份有限公司
地址	新北市汐止區大同路一段369號1樓
叢書編輯電話	(02)86925588轉5307
台北聯經書房	台北市新生南路三段94號
電話	(02)23620308
台中分公司	台中市北區崇德路一段198號
暨門市電話	(04)22312023
台中電子信箱	e-mail：linking2@ms42.hinet.net
郵政劃撥帳戶	第0100559-3號
郵撥電話	(02)23620308
印刷者	世和印製企業有限公司
總經銷	聯合發行股份有限公司
發行所	新北市新店區寶橋路235巷6弄6號2樓
電話	(02)29178022

行政院新聞局出版事業登記證局版臺業字第0130號

本書如有缺頁，破損，倒裝請寄回台北聯經書房更換。　ISBN 978-957-08-6003-0 (平裝)
聯經網址：www.linkingbooks.com.tw
電子信箱：linking@udngroup.com

國家圖書館出版品預行編目資料

洪業傳（增訂新版）/陳毓賢著．二版．新北市．聯經．
2021年10月．296面．14.8×21公分
ISBN　978-957-08-6003-0（平裝）

1.洪業　2.史學家　3.傳記　4.中國

782.886　　110014228